KB233266

라이몬 파니카

라이몬 파니카

2011년 12월 5일 초판 인쇄
2011년 12월 10일 초판 발행

지은이 | 한숭홍
펴낸이 | 이찬규
펴낸곳 | 북코리아
등록번호 | 제03-01240호
주소 | 462-807 경기도 성남시 중원구 상대원동 146-8
       우림2차 A동 1007호
전화 | 02-704-7840
팩스 | 02-704-7848
이메일 | sunhaksa@korea.com
홈페이지 | www.bookorea.co.kr
ISBN | 978-89-6324-150-0 (93200)

값 13,000원

* 본서의 무단복제를 금하며, 잘못된 책은 바꾸어 드립니다.
* 이 책은 환경보호를 위해 재생종이를 사용하여 제작하였으며 한국간행물윤리위원회가 인증하는
  녹색출판 마크를 사용하였습니다.
* 이 도서의 국립중앙도서관 출판시도서목록(CIP)은 e-CIP홈페이지(http://www.nl.go.kr/ecip)와
  국가자료공동목록시스템(http://www.nl.go.kr/kolisnet)에서 이용하실 수 있습니다.
  (CIP제어번호: CIP2011004770)

라이몬 파니카

한숭홍 지음

북코리아

Raimon Panikkar

Prof. Dr. Soong-Hong Han

북코리아

서문

종교학자들은 인간의 본질을 종교적이라고 규정한다. 이에 따르면 누구나 생래적(生來的)으로 '종교적 인간(*homo religiosus*)'이다. "인간은 믿으려고 태어난 존재"(Benjamin Disraeli)라든가 "인간은 초월자와 진정으로 접촉할 수 있는 본질을 지닌 고귀한 존재"(Othmar Spann)라는 등의 규정들도 같은 맥락에서 이해될 수 있을 것이다.

대체적으로 세계적인 종교들은 신에 대한 신앙절대주의를 고수하며, 서로 자신들의 종교만이 참된 종교라고 믿는다. 이것은 종교마다 자신들만의 정체성을 보수하려는 강한 의지를 견지하고 있다는 증거다. 이런 입장의 특징은 타 종교들에 대하여 배타적이며, 신앙의 상대주의나 종교적 다원주의를 배척한다는 것이다. 자신들이 숭배하는 신만이 자신들에게는 궁극적 실재라고 믿기 때문이다. 어쩼든 종교마다 '신(神)'이라는 개념을 공통으로 사용하지만 A는 자신이 믿는 신만을 유일한 신이라고 믿고, 같은 논리로 B는 자신이 믿는 신만을 유일한 신이라고 믿는다. A의 신앙에 비추어 보면 B의 신은 우상이나 잡신(雜神)일 뿐이다. A의 B에 대한 이러한 논리는 B의

A에 대한 관계에도 적용된다.

1960년대는 세계가 새로운 가치 전도의 기로(岐路)에서 요동쳤던 시대였다. 중국 문화혁명(홍위병 선풍), 프랑스의 68년 혁명, 프라하의 봄, 서유럽의 좌익학생소요, 미국의 반전운동, 종교 간의 무력충돌 등등 수많은 돌발 상황들이 기존의 고착된 가치 체계에 도전하며 새로운 물결을 일으켰다. 신학적으로는 「제2차 바티칸 공의회」(1962-1965)에서 결의된 신앙의 자유, 미국 젊은 신학자들에 의해 선포된 "신 죽음의 신학(the death of God theology)", 종교적 진리의 동일성과 동질성을 표방하는 종교적 다원주의 등이 신학의 새로운 담론으로 회자(膾炙)되면서 기독교에 충격파를 던졌다. 70, 80년대의 종속이론, 해방신학, 의식화 교육 등의 선풍도 시대정신을 구축(構築)하는 데 일조했다.

이러한 시대의 격변기를 거치면서 종교학자들은 물론 일군의 진보주의 신학자들마저 기독교의 구원론을 비판하기 시작했다. 저들은 어떤 종교를 통해서도 구원이 가능하므로 기독교만이 구원의 종교라는 신앙절대주의를 버리라고 외쳤다. 이것이 종교다원주의다. 하지만 기독교의 관점에서 보면 이러한 유형의 종교다원주의란 새로운 형식의 종교신학(Religionstheologie)일 뿐이다.

종교는 신앙절대주의 유형과 종교다원주의 유형으로 양분될 수밖에 없는 일종의 신앙행태(Glaubensverhalten)다. 기독교의 경우 신앙절대주의의 핵심은 그리스도다. 그러므로 종교다원주의가 기독교를 향해 신앙절대주의를 버리라고 외치는 것은 '그리스도 없는 기독교', 즉 기독론을 삭제한 종교로 개조(改造)하라는 것과 같은 말이다. 문제는 기독교만 신앙절대주의 종교인가 라는 점이다.

　어쨌거나 종교는 궁극적 실재에 대한 개인 각자의 신앙과 관계되어 있다. 그러므로 종교다원주의를 정당화하기 위하여 개인의 신앙을 고의적으로 왜곡하여 폄훼하거나 종교마다 견지하고 있는 정체성을 무력화(無力化)해서는 안 된다. 나는 세계적인 종교들의 신앙행태뿐만 아니라 종교마다 보수하고 있는 정체성까지도 존중한다. 이런 관점으로 나는 다른 종교들을 이해한다. 이것이 내가 주장하려는, 내 식대로의 종교다원주의다. 바로 이것, 다른 종교들의 정체성과 신앙행태까지 존중하며, 서로 공존할 수 있는 이 지상에서의 어울림! 이것이 내가 종교 간의 만남이나 대화가 인류의 평화를 위해 필요하다고 확신하게 된 동인이다. 하지만 나는 모든 종교들의 동일성과 동질성을 주장하는 종교다원주의에는 반대한다.

　종교다원주의는 '종교주의(the religionism)'라는 또 하나의 종교며, 이에 몰입하고 있는 추종자들은 '신종교주의자들(the neo-religionists)'이다.

　라이몬 파니카(Raimon Panikkar)는 종교다원주의자다. 그렇다면 그는 어떤 유형의 종교다원주의자인가? 이 책은 이 질문에 대답할 목적으로 집필되었다. 독자들에게 도움이 될 것 같아 원고 뒷부분에 파니카 연표(年表)를 만들어 붙였다. 파니카는 기독교로부터 차용해 자신의 관점에 맞추어 변용한 용어들, 힌두교와 불교에서 사용하는 용어들, 그 스스로 신조한 용어들, 그리스어와 라틴어로 개념화되어있는 용어들을 사용하며 자신의 주장을 합리화하려 했다. 그렇기 때문에 그가 자주 사용하는 용어들을 정확하게 이해할 필요가 있다. 권말에 붙인 용어풀이(glossary)가 파니카의 사상을 이해하는 데 조금이나마 도움이 되기를 바란다.

끝으로 이 책의 출판을 맡아주신 북코리아의 이찬규 사장님과 관계자 여러분께 감사드린다.

2011년 7월 29일

韓崇弘

CONTENTS

CONTENTS

1

파니카, 그는 누구인가?

파니카는 태어나면서부터 '종교 간(*inter-religion*)'과 '종교 내(*intra-religion*)'의
만남과 대화와 이해를 몸속에 지니고 있었던 종교다원주의 인간이었습니다.

| 저자 |

약전

1:1 ▷ 몇 년 전부터 한국 종교학계와 신학계가 라이몬 파니카(Raimon Panikkar, 1918-2010)에 관심을 갖기 시작하는 것을 보며 그의 생애와 사상이 궁금했습니다. 선생님께서는 언제부터 파니카를 소개하셨습니까?

한교수 ▷ 나는 이미 20여 년 전부터 개인적으로 파니카에 관심을 갖고 「종교학」, 「종교철학」 등의 세미나에서 학생들에게 파니카를 소개해왔습니다. 그 계기가 있습니다. 1985년 나는 미국 듀북신학교 (University of Dubuque Theological Seminary)에 교환교수로 가게 되었습니다. 학교 측에서는 「철학적 신학」(3학점) 세미나를 맡는 조건으로 나에게 초청장을 보내주었고, 그 대가로 교환교수 사택과 식사를 무료로 제공해주었습니다. 그 당시 나는 『문화종교학』(1987년 초판 발행)을 집필 중에 있었기 때문에 세미나 준비와 저술을 위해 그곳 도서관에서 많은 시간을 보내며 관련 자료들을 수집했습니다. 기독교와 힌두교 자료들을 찾아보며 파니카를 알게 된 것도 이때입니다. 그의 저서들과 그에 관한 글들을 읽으며 자연스럽게 그의 사상에 관심을 갖게 된 것입니다.

1:2 파니카는 어떤 인물입니까?

한교수 한마디로 말해서 파니카는 두 흐름의 합류로 비유될 수 있
는 인물입니다. 그는 1918년 11월 3일 스페인의 바르셀로나(Barcelona)
에서 힌두교 신자인 인도계 아버지와 가톨릭교 신자인 스페인계 어
머니 사이의 3남1녀 중 장남으로 태어났습니다. 그렇기 때문에 그
는 어려서부터 기독교 성서와 힌두교 경전들을 읽으며 자연스럽게
두 종교의 진리에 접근할 수 있었던 것입니다.

　인도와 스페인은 풍토와 지리적으로뿐 아니라 사상과 문화적으
로도 다른 점이 많습니다. 그러나 이런 차이들이 그에게서는 문제
되지 않았습니다. 파니카는 태어나면서부터 '종교 간(inter-religion)'과
'종교 내(intra-religion)'의 만남과 대화와 이해를 몸속에 지니고 있었던
종교다원주의 인간이었습니다. 이것은 그의 삶뿐 아니라 사상 속에
문화적 다원성이 합류되어 있다는 것을 의미합니다. 이렇게 볼 때
문화적 합류는 그를 형성한 하나의 실체가 될 수도 있었고, 그것이
그를 뒷받침하고 지지하고 있는 지주(支柱)와 같은 역할을 할 수도
있었다고 봅니다.[1]

---

1)　Raimundo Panikkar, *Myth, Faith and Hermeneutics: Cross-Cultural Studies* (New
　York: Paulist Press, 1979), pp. 98-105, 191, 309-310, 330, 333. Cf. Raimon Panikkar,
　The Intrareligious Dialogue, revised edition (New York: Paulist Press, 1999). 이하 *The
　Intrareligious Dialogue* (1999)로 표기.

1:3 ┝ 혈통적 합류, 문화적 합류 등이 파니카의 삶에 결정적 요인으로 작용했다는 말씀이군요. 교육도 인간의 삶을 형성하는 데 결정적입니다. 구체적으로 그가 받은 교육이 그에게 어떤 영향을 미쳤다고 보십니까?

한교수 ┝ 이 질문은 그가 받은 교육을 통해 그가 되어진 과정에 관한 것이므로 몇 가지 단계로 나눠 대답되어져야겠지만, 우선 가시적으로 나타난 것만을 갖고 설명한다면 그가 성직에 헌신하기로 결정한 점이라 하겠습니다. 그는 1936년 독일 본(Bonn)에 위치하고 있는 예수회 김나지움을 졸업했고, 1946년 마드리드(Madrid) 대학교에서 철학박사 학위를 받았으며, 같은 해 가톨릭 신부로 서품을 받았습니다. 신부라는 성직은 파니카의 사상 형성에 알파였지만, 오메가는 힌두-기독교라는 성(聖)의 합류로 탈기독교적 모습을 띠게 되었습니다. 기독교와 힌두교의 합류는 그 후 두 종교 간의 대화라는 형식으로 이론화되었습니다.

1:4 ┝ 파니카는 박사학위만 받았을 뿐 학술지에 논문 한 편 발표한 적이 없을 정도로 무명인이었습니다.[2] 이렇게 몇 년을 지내다 1953년 독일 프라이부르크 대학교에서 강연을 하게 되었고, 이를 계기로 마르틴 하이데거(Martin Heidegger, 1889-1976)를 만나게 되었습니다. 솔직히 말해서 그 당시 파니카는 독일의 학문 수준에 견주어보면 강의하며 교수자격취득논문(Habilitationsschrift)을

---

2) 파니카는 1955년 "자유와 양심"이라는 제목의 글을 독일 뮌헨의 한 대중잡지에 발표했다. 비록 학술지에 게재된 글은 아니였지만, 이것이 그의 첫 기고문인 셈이다. "Freiheit und Gewissen." *Neues Abendland* 10 (1955): 25-32. R. Panikkar, *The Unknown Christ of Hinduism* (London: Darton, Longman & Todd, 1964), p. 37, fn. 2.

준비하는 시간강사의 수준에도 미치지 못했겠지만, 하이데거로서는 외국의 젊은 학자가 서양문화를 어떻게 이해하고 평가하는지, 그 소리를 듣고 싶었을 것입니다. 파니카는 이 만남에 큰 의미를 두는 것 같습니다.

한교수 ▸ 그렇습니다. 마르틴 하이데거와의 관계가 파니카의 삶에 큰 의미를 준 것은 사실입니다. 그는 1953년 프라이부르크 대학교에서 「서양의 문화죄악(Kultursünde des Abendlandes)」이란 강연을 하게 되었는데, 하이데거가 이 소식을 듣고 그 당시 학장이었던 막스 뮐러(Max Müller) 교수를 통해 파니카를 집으로 초대했습니다. 이렇게 이들 간의 만남은 한 세대의 나이 차이를 뛰어 넘어 시작되었습니다. 파니카는 인도에서 유럽에 올 때마다 그를 방문하며 학문적 유대를 계속했습니다. 20세기 거인 하이데거가 그의 죽음을 몇 주 앞두고 「언어(Sprache)」(1976. 3. 18)라는 제목의 친서를 파니카에게 보냈다는 것은 그와의 관계가 그만큼 진지했다는 증거라 하겠습니다.[3] 파니카도 하이데거의 죽음 앞에 조시(弔詩)를 헌정했습니다.

　중요한 것은 「언어」에 실어 전달하려는 "침묵의 소리(Geläut der Stille)"가 무엇이냐는 것입니다. 하이데거가 친서를 보낸 목적은 두 가지로 압축될 수 있으리라고 봅니다. 첫째, 23년 전 파니카가 서양의 문화죄악을 비판한 것에 대하여 죽음을 앞둔 절박한 상황이었지만 짧게나마 명확하게 응답한 것으로 이해할 수 있겠고, 둘째, 언젠가는 자신에 대한 오해가 풀리게 되리라는 확신을 표명한 것으로

---

3)　Raimon Panikkar, *Gott, Mensch und Welt: Die Drei-Einheit der Wirklichkeit*, edited by Roland R. Ropers (Petersberg: Verlag Via Nova, 1999), pp. 12-13.

이해할 수도 있다고 봅니다. 이 글에서 하이데거는 불가항력적이었던 한계상황에 대한 그의 심경을 우회적으로 언급했습니다.[4]

1:5 ╞ 인도에서의 생활은 파니카가 힌두교에 체계적으로 접근하며 그의 사상을 넓혀갈 수 있는 호기였습니다. 이때부터 그는 기독교와 힌두교의 관계를 어떻게 해석할 것인가에 관심을 갖기 시작했고, 이를 계기로 종교학자의 길에 발을 들여놓게 되었습니다. 이런 과정을 살펴보는 것도 그를 이해하는 데 도움이 될 것 같습니다.

---

4) 「언어」의 원문

Sprache

Wann werden Wörter
Wieder Wort?
Wann weilt der Wind weisender Wende?
Wenn die Worte, ferne Spende,
sagen -
nicht bedeuten durch bezeichnen
Wenn sie zeigend tragen
an den Ort
uralter Eignis
Sterbliche eignend dem Brauch -
Wohin Geläut der Stille ruft,
von Früh - Gedachtes der Be-Stimmung
sich fügsam klar entgegenstuft.

Für Professor R. Panikkar
und seine Studenten
Herzlich grüßend
18. März 1976 Martin Heidegger

 파니카는 인도 철학과 종교를 연구하기 위해 1955년 인도에 갔습니다. 그곳에 체류하는 동안 그는 바라나시(Varanasi) 교구 사제로서 성직을 수행하며, 자유롭게 생활했습니다. 이런 이유 때문에 그가 바라나시 교구의 사제로 있을 때 동료들은 그를 "멜기세덱의 제사장"이란 별명으로 부르곤 했습니다. 다른 사제들은 교회의 전통이나 규범의 틀 안에서 활동했지만, 파니카는 어떤 것에도 얽매이지 않고 비교적 자유롭게 활동했기 때문인 것 같습니다. 멜기세덱은 "아버지도 없고 어머니도 없고 족보도 없고 시작한 날도 없고 생명의 끝도 없어 하나님 아들과 닮아서 항상 제사장"(히 7:3)이었던 인물입니다. 파니카가 사제로서 자유롭게 사유할 수 있었고, 교리에 구속되지 않고 사제의 역할을 했기 때문에 이러한 별명이 붙여진 것 같습니다. 이에 관해서 대다수의 학자들은 파니카가 사제였다고는 하지만, 교구담당 사제가 아니었기 때문에 교회의 전통이나 규범을 넘나들며 학문할 수 있었으리라고 봅니다. 어쨌든 인도에서 지내는 동안 파니카는 힌두교 연구에 관심을 기울이기 시작했습니다.[5]

1:6 ⊦ 파니카는 자연과학에도 관심을 가진 적이 있습니다. 종교적 세계관에서 과학적 세계관으로의 전향을 시도하려 했던 것으로 이해할 수 있을까요?

 그렇지 않습니다. 기독교는 물론이고 힌두교도 세계의 시작은 창조로 비롯되었다고 가르치고 있습니다. 그가 자연과학에 관

---

5) Cf. Raimon Panikkar, *The Intrareligious Dialogue* (1999).

심을 쏟았던 것은 그의 학구열 때문이라 추정할 수 있습니다. 그는 1958년 모교인 마드리드 대학교에서 화학박사 학위를 받았습니다. 대학원 연구내용의 일부는 바르셀로나 대학교, 본(Bonn) 대학교, 인도의 마이소르-바라나시(Mysore and Varanasi) 대학교에서 착수했던 것들입니다. 그러나 그의 자연과학적 지식이나 세계관이 그의 종교학에 결정적 영향을 주지는 못했습니다.

 파니카의 삶에서 의미 있었던 사건이나 계기를 든다면….

한교수 불혹지년(不惑之年)에 접어들면서 파니카의 삶에도 많은 변화가 생겼습니다. 이때부터 그는 성직 수행보다는 교수생활에 전념하며 세계 종교학계에 모습을 드러내기 시작했습니다. 그는 1959년 달라이 라마(Dalai Lama)가 티베트(Tibet)에서 인도 사르나트(Sarnath)로 망명했을 때 영접위원 3인 중 한 사람이기도 했습니다. 그는 힌두교 철학자인 상카라(Sankara, 700-750)의 브라만 경전(the Brahma Sūtras) 주해서와 기독교 신학자인 토마스 아퀴나스(Thomas Aquinas, 1225-74)의 신학사상을 비교·연구한 논문으로 1961년 로마의 라테란 대학교(Lateran University)에서 신학박사 학위를 받았고, 1960년부터 1963년까지 그곳에서 배우며 가르치기도 했습니다.

파니카는 마드리드, 로마, 케임브리지, 마이소르-바라나시 등의 여러 대학교에서 가르치다가 윌프리드 캔트웰 스미스(Wilfred Cantwell Smith, 1916-2000)의 초청으로 도미하여 1967부터 4년간 하버드 대학교(Harvard University) 교수로, 1971년부터 1986년까지의 15년 동안은 산타바버라 캘리포니아 대학교(University of California, Santa Barbara) 교수로 동·서양 종교들과 밀접한 접촉을 하며 연구 활동을 계속했습니다.[6]

저명한 영적 지도자들인 안토니 드 멜로(Anthony de Mello)나 데이비드 슈타인들-라스트(David Steindl-Rast) 등은 파니카를 구루(guru)로 부르기도 합니다. 그는 인도 시민이기도 한데, 이것은 인도가 그의 정신계와 연계되어 있다는 상징이기도 합니다.

파니카는 1989년 5월 4일 에든버러 대학교의 「기퍼드 강좌(Gifford Lectures)」에서, 1991년에는 털사(Tulsa) 대학교의 「워런 강좌(Warren Lecture)」에서, 그리고 같은 해 세인트루이스 대학교의 「추기경 벨러민 강좌(Cardinal Bellarmine Lecture)」에서 강연을 하며 신에 대한 종교 간의 이해를 모색하려 활발한 활동을 했습니다. 신을 경험하고 표현하려는 그의 관심은 그를 기독교, 힌두교, 불교에 몰입하게 했고, 새로운 차원과 보다 심오한 양식에 끊임없이 도전하게 했습니다. 이렇게 보면 그에게서는 종교적 합류가 바로 그의 종교학이 된 셈입니다.[7]

---

6) 파니카는 스미스(Wilfred Cantwell Smith)의 초청으로 하버드 대학교의 「세계종교 연구소」(Center for the Study of World Religions)에 1967년에 오게 된다. 그러나 두 학자는 상당히 비슷한 점도 있지만 다른 점도 있다. 스미스는 이슬람교 연구의 대가로 알려졌을 뿐 아니라 그 방법론에 있어서도 역사적 접근을 많이 시도했다. 파니카는 인도철학의 대가로 더 알려지게 되었다. 1971년 파니카는 산타바버라 캘리포니아 대학교(University of California, Santa Barbara)의 종교학과로 옮겨갔다. 파니카는 주로 봄학기(Spring Semester)에만 강의를 하고, 나머지 시간 대부분은 인도에서 보냈다.

7) Raymond Panikkar, *The Unknown Christ of Hinduism* (London: Darton, Longman & Todd, 1964). 이하 *The Unknown Christ of Hinduism*(1964)로 표기; Raimundo Panikkar, *Myth, Faith and Hermeneutics*; Gerard Vincent Hall, *Raimon Panikkar's Hermeneutics of Religious Pluralism* (Ann Arbor, Mi.: UMI, 1994); Raimundo Panikkar, *The Silence of God: The Answer of the Buddha* (Maryknoll, New York: Orbis Books, 1989); Camilia

1995년 7월 6일 뉴델리에서 달라이 라마의 회갑연이 열렸을 때 파니카는 「시간과 초월(Zeit und Transzendenz)」이라는 축하강연을 하기도 했습니다.[8]

그는 삶의 후반기에 접어들면서 스페인-힌두인 '라이문도 파니카(Raimundo Panikkar)'라는 이름대신 '카탈로니아 정체성(Catalan- identity)'을 분명히 드러낼 수 있는 카탈로니아-힌두인 '라이몬 파니카(Raimon Panikkar)'로 이름의 철자를 고쳐 썼습니다.[9] 그 스스로 '나는 스페인 사람이 아니고 카탈로니아 사람이다'라고 선언한 것입니다.

1:8 ▷ 파니카는 여러 대륙을 거치며 다양한 문화들을 흡수했지만 이러한 것들을 그의 사상으로 개화(開花)시킨 곳, 다시 말해 파니카를 오늘의 파니카로 만든 곳은 미국이라고 말할 수도 있을 텐데, 이에 대해 어떻게 생각하십니까?

한교수 ▷ 나도 그렇게 생각합니다. 파니카를 파니카되게 한 곳은 미국입니다. 그가 하버드 대학교와 산타바버라 캘리포니아 대학교에서 교수생활을 하며 미국 학계에서도 알아주는 학자로 공인받을 수 있었던 것은 유럽의 정신문화를 미국에 소개하며 인도적 배경의 종

Gangasingh MacPherson, *A Critical Reading of the Development of Raimon Panikkar's Thought on the Trinity* (Lanham: University Press of America, Inc., 1996); Raimon Panikkar, *The Intrareligious Dialogue* (1999); Raimon Panikkar, *Gott, Mensch und Welt*; Raimon Panikkar, *Einführung in die Weisheit* (Freiburg im Breisgau: Herder, 2002); Raimon Panikkar, *Christophany: The Fullness of Man* (Maryknoll, New York: Orbis Books, 2004); Raimon Panikkar, *Christophanie: Erfahrungen des Heiligen als Erscheinung Christ* (Freiburg im Breisgau: Herder, 2006).

8) R. Panikkar, *Gott, Mensch und Welt*, p. 10.

9) Gerard Vincent Hall, *Raimon Panikkar's Hermeneutics of Religious Pluralism*, viii-ix.

교 사상을 펼쳤기 때문이라고 생각합니다. 분명한 것은 파니카가 스페인에서 신부나 종교학자로 활동했다면 그의 사상은 지금의 파니카를 만들 수 있는 진취성을 창출할 수 없었을 것입니다. 이렇게 본다면 미국은 스페인 향토 학자 파니카를 세계 종교학자 파니카로 키워준 곳이라고 할 수 있을 것입니다.

1:9 ▷ 대체적으로 미국 종교학자들은 종교마저도 실용주의에 입각해서 보려하지만 파니카는 종교를 종교 그 자체로 보려합니다. 이 점이 그가 미국 종교학계에서 비판받는 주된 이유가 아닌가요?

한교수 ▶ 그렇습니다. 종교에 대한 접근 방법에 있어 미국 종교학자들과 파니카 사이에는 차이가 있습니다. 미국 종교학자들 중의 일부는 종교를 특정 학문의 가지 정도로 간주합니다. 예컨대 종교사회학자들이 종교를 다룰 때는 사회학적으로 접근합니다. 하지만 종교사회학은 종교학도 아니고, 사회학도 아닙니다. 그 자체로서 독자적인 학문일 뿐입니다.

어쨌든 미국 사회는 그가 동화하기 어려운 곳이었습니다. 어쩌면 파니카 자신이 미국 사회의 종교적 정서를 간파하지 못했기 때문이었거나 미국 종교학계에서 보편적으로 사용하는 종교에 대한 연구방법이 파니카가 사용하는 종교학의 연구방법과 맞물리지 않았기 때문에 야기된 거부반응일 수도 있습니다. 미국의 경우 종교의 사회적 기능에 비중을 두는 데 반해서 파니카는 종교학 연구의 목적을 종교성에 대한 해석에 두었습니다. 이처럼 미국 종교학자들이 종교에 접근하는 방법과 파니카가 종교에 접근하는 방법 간에는 근본적인 차이가 있습니다. 그러나 역으로 생각해보면 바로 이러한 차이 때문에 미국 종교학계가 그에게 매력을 느꼈을 수도 있으리라 봅니다.

1:10 ╎ 미국이 무명의 파니카를 세계적인 학자로 만들었다는 말씀인데, 하지만 그렇게 되기까지 그가 감수(甘受)해야 했던 어려움도 많았을 것으로 생각됩니다. 문화적 차이에서 오는 이질감뿐 아니라 외국인을 대하는 미국인들의 인종차별 의식과 외국인에 대한 혐오증 같은 것이 암암리에 그의 자존심을 상하게 했을 것으로 추측되는데….

한교수 맞습니다. 미국은 외국인이 쉽게 동화할 수 있는 나라가 아닙니다. 파니카 역시 미국이라는 새로운 문화권에 들어가면서 미국문화에 적응하는 데 어려움도 겪었을 것입니다. 아무래도 그가 유럽 문화권에서 성장했고, 인도 문화에 몰입하며 세계관을 형성했기 때문에 미국 학계에 첫발을 내딛는 순간부터 문화적 이질감을 느꼈을 것입니다. 그럼에도 불구하고 그가 미국에서 종교학자로서 대성할 수 있었던 것은 스미스(W. C. Smith)의 도움과 미국 종교학계가 관심을 기울일 정도로 그의 종교 사상이 특이했기 때문이 아니었나 싶습니다.

1:11 ╎ 1975년 영국의 종교학자 니니안 스마트(Ninian Smart, 1927- 2001)가 샌타바버라에 오면서 이 두 사람은 자주 논쟁을 했다고 하는데, 이 두 사람의 차이점은 무엇입니까?

한교수 ┤ 스마트의 종교에 대한 접근방법은 두면에서 분석해볼 수 있습니다. 우선 그는 종교의 기원을 인간의 종교적 경험으로부터 설명하며 학문적으로 접근해 들어가기 때문에 그에게서는 종교적 경험의 역사가 매우 중요합니다. 그는 종교적 경험에 접근하기 위해서는 종교 현상에 대한 전이해가 필요하고, 이러한 기초 위에서 종교의 본질과 내용을 알아야 하는 것이 정석이라고 주장합니다. 다음으로 그는 종교적 입장을 이해함이 없이 종교의 본질과 내용에 관해 논한다는 것은 종교의 진실과 감정을 이해함이 없이 종교의 진리를 심사숙고하는 것과 마찬가지로 무의미하다고 생각했습니다. 그래서 그는 종교의 중요 관점과 종교적 신앙의 유형을 여러 차원에서 분석해보려 했습니다. 그의 종교학은 사실상 종교의 다양한 차원에 대한 이해로부터 학문적 연구를 시작합니다. 그는 종교를 "의례적(ritual)", "신화적(mythological)", "교리적(doctrinal)", "윤리적(ethical)", "사회적(social)", "경험적(experiential)" 차원에서 접하게 된 현상으로 정의합니다.[10]

그 반면에 파니카는 종교를 유형학적으로 분류하거나 접근방법에 따라 이해하려 하지 않습니다. 오히려 그는 "종교 간(*inter-religion*)"의 대화와 "종교 내(*intra-religion*)"의 대화가 왜 필요한지 규명하려 했습니다.

1:12 ┤ 파니카의 삶에서 그의 종교사상이 어떻게 변해왔는지 읽을 수 있을

---

10) Ninian Smart, *The Religious Experience of Mankind*, 2nd ed. (New York: Charles Scribner's Sons, 1976), Ch. 1.

것 같은데….

 그렇습니다. 파니카가 살아온 삶의 역정(歷程)을 추적해보면 그의 종교사상이 변해 온 과정을 이해할 수 있습니다. 그는 유럽, 아시아, 북아메리카를 거쳐 유럽으로 회귀했습니다. 이것은 그의 삶의 기복이 그의 사상 형성에 직접적으로 영향을 주었다는 것을 시사하는 것입니다.

스페인에서 신부 서품을 받았을 때만 해도 그의 관심은 가톨릭 신학에 경도되었으나 인도에 가서부터 그의 관심은 기독교와 힌두교를 비교하며 공통점을 규명하는 데 집중되었습니다. 미국에서 종교학자로 활동하면서 그는 기독교를 배타주의 종교로 단정하며 종교 간의 대화를 주장했고, 스페인으로 돌아와서는 종교적 진리를 상대적 가치로 규정하며 사실상 그의 종교사상에 마침표를 찍었습니다.

1:13 ▷ 한마디로 파니카는 종교적 본질의 동일성과 종교적 현상의 다양성을 종교적 진리의 보편성으로 인식하면서부터 종교 간의 대화를 시작하려 했다는 말씀인데…. 그가 이런 입장을 취하게 된 계기가 어디에 있다고 보십니까?

 파니카의 삶에서 발견할 수 있었던 것은 그가 다양한 문화와의 접촉과 합류를 통해 자신만의 독창적인 종교관을 구축했지만, 그 반사이익만큼이나 역으로 문화적 충격과 혼란도 겪었다는 것입니다. 사람들이 살아가다 보면 새로운 문화권과 접촉할 때가 있는데,

때로는 새로 접하는 문화현상이 신비롭고 매력적으로 느껴져 심취하기도 하지만, 때로는 문화적 충격과 혼란 때문에 정신적으로나 사상적으로 방황하는 경우도 있습니다. 파니카도 여러 문화를 접하고 여러 대륙을 거치면서, 또 다양한 학문을 수렴하면서 이러한 충격과 혼란을 겪었을 것입니다. 그가 대화를 강조하는 것도 이런 문화적 갈등을 극복할 수 있는 길을 찾는 과정에서 착안한 것이 아닌가 생각됩니다.

1:14 ▷ 21세기는 파니카를 어떻게 해석할지 궁금하군요.

한교수 지금까지 파니카의 인생행로를 통해 그가 세계적인 종교학자로 성장해온 과정을 개관해보았습니다. 그러면서 받은 인상은 파니카의 경우 여러 가지 다양한 문화와 문명, 사회와 사상, 혈통적 합류 등을 통해 대가의 반열에 들어섰는데, 이런 예는 대단히 드물다는 점입니다. 21세기의 파니카? 아마 누가 파니카를 해석하든지간에 그에 대한 이해는 종교다원주의의 관점으로 모아질 것 같습니다.
　2010년 8월 26일, 파니카는 바르셀로나 근교 타버테트(Tavertet)에서 92세를 일기로 그의 삶을 마쳤습니다.

파니카 사상의 전이해

파니카는 모든 종교들을 보편적 가치로 동질화하려 했습니다.

그가 기독교를 비판하는 이유도, 기독교가 종교적 보편주의를 거부하기 때문입니다.

| 저자 |

합리와 비합리

2:1 ┝ 파니카는 다양한 학문들을 섭렵했습니다. 하지만 보다 중요한 것은 다양성을 어떻게 조화시킬 것인가라고 생각하는데….

한교수 ┝ 물론입니다. 파니카의 사상을 이해하는 데 중요한 것은 그의 다양한 학문적 관심을 하나로 이어주는 학문의 연속성 또는 지속성을 파악하는 것입니다. 그는 철학, 자연과학, 신학, 종교학 등을 공부했고, 이를 바탕으로 자기 자신의 종교관을 정립했습니다. 그런데 여기서 홍미 있는 것은, 종교학과 자연과학이라는, 사실상 창조론과 진화론의 관점에서 본다면 이질적일 수밖에 없는 이 두 범주들을 그가 어떻게 이해했느냐 라는 점입니다.

그의 사상에는 어떤 형식으로든지 종교학과 자연과학이라는 두 흐름이 합류되어 있다고 봅니다. 중요한 것은 이 합류가 그의 사상에서 어떻게 흐르고 있느냐를 밝혀내는 것입니다. 하지만 유감스럽게도 그는 이 합류가 어떻게 상관관계를 이루며 그의 사상의 구조를 형성했는지 구체적으로 설명한 적이 없습니다. 그는 사상의 합

류에는 적극적이었으나 사상의 독특한 동인이나 요인을 규명하는
데는 소극적이었던 것 같습니다.

2:2 ▷ 일반적으로 종교는 과학에 대하여 부정적으로 반응합니다. 창조론
자들은 진화론을 반대합니다. 선생님은 이 둘의 관계를 어떻게 설명하시겠습
니까?

한교수 ▷ 과학과 종교의 관계는 사고구조의 측면에서 보면 합리와
비합리의 문제입니다. 우리는 과학이라고 하면 합리적인 사고와 공
식에 의해 만들어진, 그리고 이러한 규칙이 적용되고 있는 학문이
라고 생각합니다. 하지만 합리적인 사고와 공식 자체는 이성의 작
용에 의한 판단이기 때문에 제한적일 수 있고, 그것 자체가 때로
는 모순적일 수 있습니다. 그렇기 때문에 가장 과학적이라는 것이
가장 비합리적인 것이라고 볼 수도 있습니다. 하이젠베르크(Werner
Heisenberg)의 "불확정성 원리"는 인문학을 하는 사람들에게도 시사
하는 바가 큽니다. 인간이 아무리 정확하고 정밀한 검증을 통해서
자연현상의 인과관계를 규명하더라도 그 자체는 이미 비합리적일
수밖에 없습니다. 한마디로 자연현상의 인과관계는 확정적이지 않
다는 말인데, 이것이 불확정성 원리입니다.

과학사를 소급해 올라가보면 과학의 학문성에는 신화적 형식이
관련되어 있음을 발견하게 됩니다. 세계를 신화로 설명하고 세계의
원리를 신화적 세계관으로 규명하려는 것이 과학이전의 시대에 살
았던 사람들에게는 과학이었습니다. 역설적인 표현 같지만 과학은

비과학적이라는 겁니다. 가장 과학적이라는 것도 그 뿌리를 찾아 올라가보면 비합리적이고, 신화적인 면이 있습니다.

콩트(Auguste Comte)는 과학의 뿌리를 찾아낸 최초의 발견자입니다. 그는 인류 문명이 어떻게 발달해왔는지 설명하면서 신화(종교)의 시대, 형이상학(철학)의 시대, 그리고 실증주의(과학)의 시대 등 삼단계설을 주장했습니다. 이 과정을 쭉 연결시켜보면 세 단계는 동근상통(同根相通)한 데가 있습니다. 결국 종교나 철학이나 과학이 우리가 볼 때에는 하나하나 독립된 영역으로 보이지만 그 뿌리는 같다는 말입니다.

가장 과학적인 것이 가장 비합리적인 것과, 그리고 가장 비과학적인 것이 가장 합리적인 것과 궤를 같이하고 있다는 사실은 아이러니컬하게도 진리입니다. '가장 과학적인 것이 가장 비합리적인 것'이란 표현의 진의는 '과학적인 것은 반드시 비과학적'이라는 말이 아니라 과학의 근원을 추적해보면 신화적인 것, 비합리적인 것, 비과학적인 것, 미신적인 것, 경우에 따라서는 통속적 속설이나 신앙 등과 같은 것들이 과학의 뿌리였다는 것입니다. 결론적으로 말씀드리면 과학과 종교의 벽은 없다는 것입니다. 이 둘은 사실상 동질적이라는 것이 나의 입장입니다.

2:3 ├ 그렇다면 선생님은 과학적 사고가 다원주의적 사고에 어떤 가치를 주었다고 생각하시는지요? 그리고 과학의 발달과 종교다원주의와는 어떤 관계가 있다고 보시는지요?

 과학적 사고란 가치의 보편성과 관계되어 있고, 가치의 보편성이란 가치의 다원성과 직결되어 있으며, 가치의 다원성이란 가치의 합리성과 연계되어 있습니다. 간단히 말해서 과학적 사고는 보편적·다원적·합리적인 세계관을 형성하게 된다는 겁니다. 수학에서 '2+3=5'라는 것은 언제어디에서나, 또한 어떤 이데올로기하에서도 만고불변(萬古不變)의 진리이기 때문에 절대가치가 되는 것입니다. 과학의 발달은 보편적·다원적·합리적인 가치구조를 확산시켜 놓기 때문에 과학의 패러다임을 종교에 도입시켰을 경우 종교가치의 보편성, 다원성, 합리성이 형성될 수밖에 없습니다. 이런 논리에 따를 때 과학의 발달이 종교다원주의를 촉진시키는 하나의 계기가 되었다고 볼 수도 있을 것입니다.

2

신화와 이성

2:4 ▶ 파니카는 신화(*mythos*)와 이성(*logos*)의 관계에 대해서도 깊은 관심을 가졌습니다. 신화는 해석과 이해를 필요로 하고, 이성은 분석과 판단을 필요로 합니다. 이 관계에 대한 파니카의 입장이 궁금하군요.

한교수 ▶ 파니카에 따르면 인간의 실재는 신화와 이성이 하나가 될 수 있기 때문에 가능한 것입니다. 그는 이성을 신화와 구별할 수는 있어도 분리할 수는 없다고 주장하며 "인간의 모든 문화는 이성과 신화의 직물"과 같다고 역설했습니다.[1] 이보다 앞서 그는 "신화가 없는 이성도 이성이 없는 신화도 있을 수 없다. 모든 이성에는 신화, 이성이 이야기하는 그 신화가 있다. 모든 신화에는 이성, 신화를 말하는 그 이성이 있다"고 진술한 바 있습니다.[2] 이정도로 그는 이 둘의 관계가 불가분리적임을 강하게 그러나 명료하게 역설했습니다.

---

1) R. Panikkar, *Myth, Faith and Hermeneutics*, p. 32.

2) R. Panikkar, *The Trinity and the Religious Experience of Man* (Maryknoll, New York: Orbis Books, 1973), ix.

2:5 선생님은 종교와 과학의 관계를 설명하시면서 '신화', '이성' 등의 낱말들을 잠깐씩 언급하셨습니다. 구체적으로 질문하겠습니다. 이 낱말들이 인간에게 준 의미는 무엇이라고 생각하십니까?

한교수 구체적인 질문은 구체적 대답을 요구합니다. 구체적이기 위해서는 간단명료해야 합니다. 그러므로 이 질문에 맞추어 나는 아주 구체적으로 대답하겠습니다. 신화는 인간이 어떻게 존재하는지 표현하기 때문에 신화에서 인간은 자기 자신을 발견할 수 있습니다. 신화에서 자기 자신을 발견할 수 있도록 하는 안내자가 이성입니다.

신화시대의 사람들은 신화(*mythos → myth*)를 현대인과는 다르게 이해하며 사용했습니다. 저들에게 있어서 신화는 그 자체가 우주의 생성을 이야기해주는, 그 당시의 기준으로 보면 과학적 진술이었습니다. 뿐만 아니라 신화는 문자가 없던 시대에 이야기 형식으로 구전되어왔던 세계관이기도 합니다. 신화시대가 지나가며 세계를 신화(*mythos*)로 설명하려던 방식도 바뀌어졌는데, 세계를 이성(*logos*)으로 사변하며 이해하려는 지혜(*sophia*)가 철학의 시대를 연 것입니다. 그 이후 로고스란 개념은 사변의 한 수단에서 존재의 근원으로, 그리고 마침내는 신으로 변천해왔습니다.

구체적으로 말하면 신화와 이성은 사물에 대한 인식의 두 가지 형식으로서 인간의 의식세계를 움직이고, 우주창생을 설명하며, 그 원리를 규정하는 데 필요한 두 축입니다.

2:6 ┤ 한마디로 인간의 의식구조는 신화와 이성의 틀로 되어 있다는 말씀인데….

한교수 그렇죠. 인간은 신화적으로 접근해 들어가는 비합리성과 이성적으로 접근해 들어가는 합리성이라는 야누스적 모습의 의식구조에 갇혀 있습니다. 이 두 가지가 인간의 의식 속에서 함께 작용하고 있는 것입니다.

2:7 ┤ 어떻게 보면 종교 간의 갈등은 로고스에 대한 이해의 차이에서 야기되는 것 같은데….

한교수 그렇습니다. 차이, 즉 다름은 만물이 존재할 수 있는 조건이며, 있는 그대로의 현상입니다. 차이를 부정적으로 보는 사람들도 있습니다만 '나로서의 나(Ich als Ich)'와 '너로서의 너(Du als Du)', 즉 '나'를 '나'라 할 수 있고 '너'를 '너'라 할 수 있는 것은 차이의 현상 때문입니다. 인간은 서로 차이의 현상을 인식하며 발전해왔고, 지금도 우리는 서로 차별화된 존재로서 현존하고 있는 것입니다. 나는 모든 것을 동일화하려는 발상에 반대합니다. 이 세상에 동일한 것은 하나도 없습니다. 지금 연탄공장에서 찍어낸 구공탄 A와 바로 그 뒤에서 찍어 나온 구공탄 B는 절대 같을 수 없습니다. B에는 A에 들어간 석탄이 들어 있지 않습니다. A와 B에는 각각 다른 석탄이 들어 있습니다. 만물은 바로 이 차이로 인해 서로 독자성을 가질 수 있게 되었고, 이것이 각 존재의 정체성으로 각 존재를 존재되게 했습니다. 로고스 역시 이해의 차이 때문에 서로 다르게 사용될 수밖에 없습니다. 이 낱말을 동일한 개념으로 이해하려 한다면, 이런 의식 자체가 문제입니다. 동일한 인식의 대상도 인식하는 사람의 의식에 따라 다르게 이해되고 개념화됩니다. 이런 의미에서 나는 종교의 차이도 솔직히 인정하고, 구원에 대한 신학의 차이도 솔직히 인정하라고 강변합니다.

　질문에 충실하게 대답하려 하다 보니 이렇게 설명이 길어졌군요. 어쨌든 이 차이의 관점에서 로고스에 대한 이해도 수용되어야 한다고 봅니다. 그리스도를 요한복음에서처럼 특수한 로고스로 볼 것이냐, 그렇지 않으면 스토아철학에서처럼 보편적 로고스로 볼 것이냐, 즉 그리스도를 기독교에만 제한하여 유일하고, 궁극적이고, 최종적이고, 규범적인 로고스로 볼 것이냐, 그렇지 않으면 타 종교들의 신성이나 우주적 원리까지도 로고스로 볼 것이냐에 따라 이에 대한 이해가 서로 달라질 것입니다. 나는 이 차이를 인정하라고 권합니다.

3

계시

[2:8] 계시는 종교학의 핵심개념이라 할 수 있습니다. 기독교 신학의 경우에도 계시는 성육신 사건과 깊이 관련되어 있기 때문에 매우 조심스럽게 다루어야 할 개념입니다. 계시를 신학의 방법론과 연계하여 다룰 수도 있고, 신적 존재의 현현으로 신앙할 수도 있기 때문입니다. 파니카는 계시를 어떻게 이해하고 있나요?

한교수 파니카는 사제가 된 후 초기에는 삼위일체 신학의 관점에서 예수 그리스도를 계시의 담지자로 진술했습니다. 그때까지만 해도 그는 기독교의 울타리 안에 머물러 있었습니다. 하지만 후기에 오면서 그는 힌두교와 불교를 비롯하여 다른 종교들도 특수 계시의 종교라고 주장했습니다. 한마디로 그는 그리스도만을 특수 계시라고 믿는 기독교의 신앙고백을 철저히 부정합니다. 결과적으로 그는 기독교를 보편적 종교, 다른 종교들과 형식은 달라도 본질만은 동일한 여러 종교들 중의 한 종교로 간주했습니다. 이것이 그의 사상의 요지입니다.

4

믿음과 앎

2:9 파니카의 사상에서 믿음과 앎은 어떻게 작용했나요?

한교수 믿음이란 그에게 종교적 영향을 끼쳤던 가톨릭 사상과 힌두교 사상의 융합과정에서 표출된 종교 행위라 할 수 있습니다. 우선 그는 서로 다른 이 두 신앙체계를 동질화하기 위한 수단으로 종교 간의 대화를 시작했고, 그 다음 단계로 서로 공유하고 있는 공통성을 찾으려 했습니다. 이런 과정에서 때로는 신앙상의 모험이나 위기도 발생할 수 있지만 이런 현상은 상대편 종교로부터 돌출된 것이 아니고 자기 자신의 믿음으로부터 야기된다는 게 파니카의 생각입니다.

여기에서 간과할 수 없는 것은 그 역시 믿음을 앎과의 복합관계로 인식하고 있다는 사실입니다. 한마디로 이 둘의 관계가 상호작용하고 있다는 겁니다. 여하튼 믿음은 앎으로 인해, 앎은 믿음으로 인해 완전한 체계를 이루게 된다는 겁니다. 그의 의식구조는 이 둘의 관계에 기초하고 있습니다. 종교학자들마다 믿음과 앎의 관계성을 규

정하는 데는 상당한 차이가 있다고 봅니다. 그러나 그 관계의 필요
성에는 대체로 동의하는 것 같습니다. 파니카도 예외는 아닙니다.

2:10 ┤ 신앙이 종교를 특징화한다거나, 종교가 신앙에 의해 결정된다고 주
장하는 이들도 있는데 파니카도 이에 동조한다고 보십니까?

한교수 ┤ 그렇지 않습니다. 그는 이러한 주장들이 신앙절대주의를
배태(胚胎)한다고 보기 때문에 반대합니다. 오히려 그는 신앙이 어떤
종교를 특징화한다거나, 결정한다는 발상을 분쇄하기 위해 일생을
헌신했습니다. 파니카는 신앙의 상대성을 역설합니다. 그는 다른
종교들과의 상관성을 견지하기 위해서 기독교의 신앙절대주의를
포기했습니다. 이것이 그를 부각시킨 가장 독특한 점이라고 하겠습
니다. 대체적으로 기독교 신학학자들은 자신들이 소속되어 있는 교
단의 신앙절대주의를 보수하는 데 의미를 두지만 파니카는 종교 간
의 대화에 의미를 두었습니다. 그는 항상 그가 직접 체험했던 삶의
현상들을 통해 모든 종교들은 존중할 만한 가치를 가지고 있다는
보편타당한 진리를 피력했습니다.

　존중할 만한 가치란 상대편의 신앙까지도 인정할 수 있는 상대성
이 형성되어 있다는 말입니다. 이런 맥락에서 그는 신앙의 상대성
을 종교 간의 대화에서 형성되는 상관적 현상과 같은 것으로 이해
했습니다. 상대성은 상대주의와 구별되는 개념입니다. 파니카도 상
대성이라는 개념과 상대주의라는 개념을 구별합니다.[3] 하지만 그

---

3)　　R. Panikkar, *The Intrareligious Dialogue* (1999), pp. 57, 74, 105.

가 피력했던 신앙의 상대성은 결국 종교적 상대주의로까지 진화했습니다. 신앙의 상대성은 그에게 모험이었습니다. 이런 개념의 틀에서 그는 종교의 보편성을 역설했고, 신앙절대주의를 비판했던 것입니다. 한마디로 그에게서 신앙은 상대적이며, 상관적이며, 다원적일뿐 결코 절대적이지 않습니다.

[2:11] 종교 간의 대화에서 지성의 역할도 중요하다고 생각되는데, 파니카도 이에 동의한다고 보십니까?

한교수 간단히 대답할 수 있는 질문이 아닌 것 같군요. 나는 지성이 종교 간의 대화를 견인한다고 생각합니다. 지성은 진리를 추구할 수 있는 지적인 능력입니다. 그러므로 지성이 배제된 상태에서는 종교 간의 대화도 불가능합니다. 종교 간의 대화가 참된 대화가 될 수 있으려면 믿음과 앎의 적절한 상관성이 함께 작용해야 할 것입니다. 이를 가능하게 하는 관건이 지성입니다. 하지만 파니카는 이에 의존해서 종교 현상을 분석하려 하지 않고, 신앙의 상대성에 의존해서 종교 현상을 설명하려 했습니다.

[2:12] 파니카에 따르면 종교적 진리는 상대적이므로 어느 특정 종교만 종교적 진리를 독점할 수 없습니다. 이에 대하여 어떻게 생각하십니까?

한교수 나는 종교가 함유하고 있는 진리가 절대적 가치를 드러낼 수 있을 때, 그 종교는 존중의 대상이 될 수 있다고 생각합니다. 이것은 지식과 신앙이 하나의 체계 속에서 공존적으로 관계하고 있을 때 비로소 종교적 진리가 가능하다는 것을 전제로 한 것입니다. 종교적 진리는 신앙을 개성화하는 지식과 지식에 의해 체계화된 신앙 간의 관계에 의해서 형성됩니다. 그러므로 '믿기 위한 앎'이나 '알기 위한 믿음' 등과 같은 기독교의 오래된 신학 논쟁은 단지 현학적인 동어반복(同語反覆)일 뿐, 종교적 진리를 담고 있는 명제가 아닙니다. 앞의 어디에선가 잠깐 언급한바 있습니다만, 파니카는 종교적 진리가 신앙의 상대성과 관계되어 있다고 주장합니다. 그러나 나는 그렇게 생각하지 않습니다. 오히려 종교적 진리는 신앙의 절대성과 관계 있다고 봅니다.

어쨌든 파니카는 종교 간의 대화를 통해서 서로 상대편의 종교를 이해하고, 존중하며 배워가는 자세가 중요하다는 말을 합니다. 이때 비로소 종교는 참된 진리의 길을 갈 수 있다는 것이 파니카의 관점입니다. 어떤 신학자라도 이러한 관점 자체를 비판하지는 않을 것입니다. 문제는 파니카가 종교적 진리의 길을 역설하며 궁극적으로는 모든 종교들을 동일가의 가치 체계로 상대화하려 했다는 점입니다.

2:13 ▷ 믿음과 앎의 관계는 모든 종교의 핵심적인 관심사입니다. 파니카는 무엇이 이 관계를 가능하게 한다고 생각했습니까?

한교수 이 질문에 대답하기에 앞서 우리는 먼저 그의 사상의 핵심이 무엇인지를 알아야 합니다. 단도직입적으로 말해 그의 사상의 핵심은 종교다원주의입니다. 그는 종교다원주의를 믿음과 앎의 관계로 접근하며 정립해갔습니다. 그는 이 관계를 설명할 때 종종 '변증법적'이란 용어를 사용하기도 합니다. 그렇다고 해서 믿음이 자기모순과 자기부정을 통해 앎에 이르고, 다시 이 앎을 지양해서 또 다른 형태의 새로운 믿음인 신테제(Synthese)에 이르게 된다는 헤겔식의 변증법으로 믿음과 앎의 관계를 설명하려 했던 것은 아닙니다. 믿음과 앎은 상호 유기적이기도 하지만 서로 견제하기도 합니다. 믿음과 앎은 각각 독특한 영역을 가지고 있으며, 그렇다고 그것을 둘로 분리할 수도 없는, 이러한 의미에서 파니카는 믿음과 앎의 관계를 변증법적이라고 했던 것입니다.

5 지성과 영성

2:14 지성과 영성의 관계는 이성과 계시의 관계만큼이나 종교학을 규정하는 주요 동인들이라고 볼 수 있을 것 같습니다. 파니카는 지성을 어떻게 이해하며 사용하고 있습니까?

한교수 파니카의 종교학에서는 지성이란 말이 두 가지로 개념화되어 있습니다. 첫째, 지성과 영성은 서로 상관적이므로 지성이라는 말과 영성이라는 말을 구별할 필요가 없다는 것입니다. 이런 맥락에서 '지성은 곧 영성이다'라고 광의적으로 말할 수도 있겠습니다.

둘째, 그에게 있어서 지성이라는 것은 다원주의 같은 것을 포괄하고 있는 지식체계의 틀과 유사한 것입니다. 단적으로 말해서 그의 종교학에서는 지성과 영성이 거의 동의어처럼 사용되고 있기도 하고, 지식체계를 갖추고 있는 하나의 틀로 사용되기도 한다는 것입니다.

2:15 그렇다면 파니카는 영성까지도 지성의 범주에서 이해했다는 말씀인

가요?

 그렇습니다. 파니카의 경우에는 이 둘을 분리할 수 없습니다. 종교는 지성뿐 아니라 영성과도 깊은 관계를 맺고 있습니다. 영성이란 정의하기 매우 어려운 개념입니다. 종교마다 영성에 대한 이해와 해석을 달리하기 때문입니다. 그러나 대체적으로 영성은 두 가지로 대별될 수 있습니다. 하나는 수도원적 영성이고, 다른 하나는 동양적 영성, 즉 명상이나 자기 수양을 통해 자아 속으로 깊이 빠져들어 망아(忘我)의 경지에 도달하거나 또는 탈아(脫我) 상태에서 무아(無我)의 경지에 도달하는 영성입니다. 그런데 이 두 가지 영성이 파니카에게서는 함께 작용하고 있습니다. 왜 파니카를 영성 종교학자로 보게 되는지, 이에 대한 이해가 선행될 때, 파니카 사상에 대한 종교학적 이해가 풀릴 것으로 봅니다.

2:16 파니카에게는 수도원적 영성이 동양적 영성보다 상대적으로 좀 약한 것 같습니다.

 그가 동양적 신비주의에 심취하다 보니까 서양적 신비주의에는 소극적으로 접근할 수밖에 없었기 때문에 이런 현상이 야기되지 않았나 싶습니다. 그렇다고 해서 그는 서양적인 것을 버리지도 않았습니다. 이것이 그에게서는 역설입니다. 파니카의 신비주의나 영성에 대한 문제는 뚜렷하게 구별하기 어려울 정도로 서로 직조(織造)되어 있는 직물 같은 그런 모습을 보여주고 있습니다. 그래서 그의 영성에 관해서 말할 때는 그가 어느 선까지를 동양의 신비적 영성에서 취했고, 어느 선까지를 서양의 수도원적 영성에서 취했는지, 그리고 그것이 그의 종교사상에 어떤 영향을 주었는지, 이것도 한번쯤은 집고 넘어가야 하지 않을까 생각합니다.

2:17 ▷ 파니카는 영성을 인간 존재의 내면 깊이에서 작용하는 본래성 같은 것으로 이해하고 있는 듯합니다.

한교수 ▶ 맞습니다. 우선 그가 영성을 어떻게 규정하고 있는지 정리해가며 이 문제에 접근해가야 할 것 같습니다. 파니카는 영성을 인간의 조건에 관련된 것으로 규정하며, 성상숭배적인 영성, 인격주의적인 영성, 신비주의적인 영성 등의 세 형식들로 나눠 설명합니다. 그에 따르면 인간은 신성한 것에 접했을 때 원초적이고 원시적으로 반응하는데, 이때 엄습해오는 감정은 창조주에 대한 신앙 때문이 아니고, 피조물에 대한 매혹이나 두려움 때문이라는 겁니다. 그는 고대 이스라엘 백성이 우상을 만들어 숭배했던 사건을 성상숭배적인 영성의 한 예로 제시합니다. 이에 반하여 인격주의적인 영성은 신의 의인화와 관련된 종교적 체험의 현상이라는 겁니다. 그리고 신비주의적인 영성은 신과 인간, 신과 세계와의 상대성의 문제로서 신-인간의 관계로 표출되는데, 파니카는 이 영성을 신인론적 체험, 아드바이타 비전, 아드바이타 영성 등으로 규정합니다.[4] 그는 신비주의적인 영성과 관련하여 진술된 "신인론(theandrism)"이란 낱말

---

4)　R. Panikkar, *The Trinity and the Religious Experience of Man,* pp. 9-40 passim.

이 신인동형론(anthropomorphism)이란 낱말과 혼동될 수 있다고 보고
이 두 낱말의 혼용을 경계했습니다. "아드바이타 영성은 모든 신인
동형론을 거절한다"고 그는 잘라 말했습니다.[5]

정리해보면, 그의 영성은 순수 기독교적인 것이 아니고, 초자연
적인 것과 조우(遭遇)했을 때 본능적으로 반사하는 인간의 본래성 같
은 것이라 할 수 있습니다. 영성을 초자연적인 것과 조우했을 때 느
끼는 순수하고 성스러운 감정으로 보는 파니카의 영성 개념은 루
돌프 오토(Rudolf Otto)에 의해 이미 1세기 전에 "누미노제 감정(*sensus
numinis*)"으로 규정된 바 있습니다.[6]

2:18 ▸ 파니카는 영, 영성, 성령 등의 개념을 때로는 같은 차원에서 사용하
기도 하고 때로는 성령의 영성이란 용어를 사용하기도 하며 기독교의 성령 개
념이 기독교만의 전유물일 수 없다고 피력하곤 했습니다. 이에 대해 어떻게
생각하십니까?

한교수 ▸ 그는 성령을 아드바이타로 규정하며 신과 세계는 하나도
아니고 둘도 아니라고 주장했습니다.[7] 뿐만 아니라 그는 기독교의
헌신, 힌두교의 신에 대한 절대귀의의 감정과 아드바이타 경험, 불
교의 열반, 더 나아가서 모든 종교들의 영적 경험들까지도 성령의

---

5) *Ibid.*, p. 38.

6) Cf. Rudolf Otto, *Das Heilige: Über das Irrationale in der Idee des Göttlichen und sein
Verhältnis zum Rationalen* (Breslau: Trewendt & Granier, 1917).

7) R. Panikkar, *The Trinity and the Religious Experience of Man*, pp. 36-40, 60-64; R.
Panikkar, *Myth, Faith and Hermeneutics*, p. 287.

다양한 표현이라고 주장했습니다.

2:19 그렇다면 그는 기독교를 전통적인 기독교 신학의 개념으로 규정하지 않았다는 말인가요?

한교수 그렇습니다. 그는 문화적-교리적 측면에서의 기독교보다는 종교적 경험을 가능하게 하는 기독교의 종교성에 더 큰 의미를 부여합니다.[8] 이것은 그가 종교로서의 기독교보다는 종교성의 관점에서 기독교를 규정하려 했다는 증거입니다. 이런 관점의 결과는 모든 종교가 종교성에 관한 한 동일하다는 것입니다.

2:20 그가 기독교의 성령과 힌두교의 아드바이타를 같은 차원에서 이해하고 있다는 것은 그 스스로 이미 탈기독교를 지향하고 있음을 묵시적으로 표명한 것입니다. 어쨌든 그는 기독교의 성령 개념과는 완전히 다른 의미로 성령 개념을 진술하고 있습니다. 그렇다면 파니카는 성령을 그리스도의 현현을 이해할 수 있도록 하는 영적 능력 정도로 보았다는 말인가요?

한교수 그런 점이 있습니다. 그런데 그가 언급하는 성령은 기독교의 삼위일체론에서 말하는 인격적 위격(位格)으로서의 성령이 아닙니다. 파니카에게 있어서 그것은 종교학적 해석이 요청되는 그런 입장에서 말하는 것이라고 봅니다. 대체적으로 종교학적 입장은 영이나 영성의 초월적인 어떤 것을 성령, 즉 거룩한 영으로 보기도 합

---

8) R. Panikkar, *Christophany*, p. 175.

니다. 그런데 기독교의 거룩한 영은 종교학자들이 말하는 의미의 차원에서 이해될 수 있는 것이 아니거든요. 그 자체가 이미 신이고 그 자체가 하나의 인격체이며 성부-성자-성령으로 형성되어 있는 것이니까요. 기독교의 성령은 정신적이거나 현상적인 의미에서의, 또는 무속신앙이나 기독교 이외의 종교들에서 말하는 영 개념이 아니고, 완전한 신입니다.

파니카의 성령 개념과 기독교의 성령 개념은 절대적으로 분리해서 이해해야 합니다. 이 둘은 서로 아주 다른 차원에서 각각 사용되고 있습니다.

2:21 ▷ 파니카가 역설하는 영이나 영성이란 개념은 기독교의 삼위일체를 이루고 있는 성령의 실재와는 다르다는 말씀인데….

한교수 ▶ 그렇습니다. 파니카가 말하는 영이란 영성과 같은 것으로 볼 수도 있고, 신비적 힘이나 에너지와 같은 것으로 이해할 수도 있습니다. 어쨌든 그가 주장하는 영은 기독교적인 성령이 아니고 신비적인 경지에서 느끼는 그런 영성이나 누미노제 같은 것입니다. 파니카는 일반화된 종교적 영성을 강조하고 있습니다.[9] 그러므로 그가 주장하는 영의 역동성과 기독교인들이 믿는 성령의 역사(役事)를 동일시해서는 안 됩니다.

---

9) R. Panikkar, *The Trinity and the Religious Experience of Man*, pp. 9-40; R. Panikkar, *The Intrareligious Dialogue* (1999), pp. 1, 33, 42-46, 55, 62, 93, 100, 123-25; R. Panikkar, *Myth, Faith and Hermeneutics*, pp. 55, 206, 217, 245, 251, 258-59, 287-92, 346, 397, 403, 409, 413, 424, 431; R. Panikkar, *Gott, Mensch und Welt*, pp. 121-24.

6

이론과 실천

2:22 파니카는 학문의 기본구조인 이론과 실천의 관계를 어떻게 설정했고 진술했는지, 그리고 그의 학문이론은 어떻게 구조되어 있는지도 궁금하군요.

한교수 잘라 말하면 파니카는 학문이론(Wissenschaftstheorie, Wissenschaftslehre)에 관해 결정적인 진술을 한 적이 없습니다. 그렇기 때문에 그에게 학문이론의 구조를 내놓으라고 하는 것은 무리한 요구입니다. 이것은 학문이론의 구조에 따른 이론(*theoria*)과 실천(*praxis*)의 관계를 그에게서는 찾을 수 없다는 말입니다. 서양에서는 이론과 실천의 관계를 지향해서 일치(Identität)에 이르는 과정을 학문이론의 기본구조로 간주합니다. 이에 반하여 파니카는 이론과 실천의 비분리적 하나, 비이원성을 역설합니다. 그는 실천이 곧 이론이며, 그렇기 때문에 그 실천이 "역사의 기반(the matrix of history)"이 된다고 역설합니다.[10] 하지만 결코 간과할 수 없는 사실은 학문이론은 논리적

---

10) R. Panikkar, *Christophany*, p. 5.

사고의 결과물이라는 것입니다. 연역법, 귀납법, 환원법 등등 어떠한 논리로도 이론과 실천에 대한 파니카의 이해는 명쾌하게 해명될 수 없습니다. 그는 학문을 아드비이타 구조로 이해하며 초학문성(Metawissenschaftlichkeit)을 지향하고 있지 않나 싶습니다.

2:23 ⌐ 이론과 실천의 관계가 학문이론에도 영향을 미친다는 말씀인데….

한교수 그렇습니다. 학문이론에 관해 일가견을 피력할 수 있는 사람이라면, 누구도 이 사실을 부정할 수 없습니다. 학문이론에 따르면 학문이 학문으로서의 기능을 가지기 위해서는 실천을 뒷받침할 수 있는 이론, 이론을 뒷받침할 수 있는 실천이 정립되어 있어야 하고, 이러한 조건이 충족되었을 때 비로소 학문성을 인정받게 됩니다. 다시 말해서 이론이 참된 이론일 수 있기 위해서는 실천이 뒷받침해주어야 하고, 실천이 참된 실천일 수 있기 위해서는 이론이 뒷받침해주어야 하는데, 그렇지 않을 경우 그 이론은 탁상공론이나 망론(妄論)에 불과할 수밖에 없고, 그 실천은 경거망동이나 방종(放縱)일 수밖에 없습니다. 이론과 실천의 관계를 지향해서 일치에 이르렀을 때, 그 상태에서 학문성을 말하게 됩니다. 다만 이 관계를 어떻게 설정하며, 어떤 철학의 관점에서 정립하느냐에 따라 학문이론의 유형이 분류되는 것입니다. 독일의 경우 뮌헨 학파(Wolfgang Stegmüller)의 분석주의와 에어랑겐 학파(Paul Lorenzen, Christian Thiel)의 구성주의가 학문이론을 견인하고 있습니다.

한교수 절대 불가능합니다. 주지하다시피 모든 학문은 이론과 실천이 서로 어떻게 관계하고 있는가에 따라 분류되고, 이러한 분류과정을 거치면서 방법론상의 차이를 드러내게 되는데, 이에 반하여 파니카는 이론과 실천의 관계로 학문이 성립되는 것이 아니고, 이론과 실천은 본래 비분리적이라는, 기존의 학문이론과는 다른 입장을 취하고 있습니다. 그러므로 그에게서는 이론과 실천의 일치라는 말 자체가 의미 없습니다. 오히려 그는 이론과 실천이 비분리적 양태로서 독특성을 견지하고 있을 때 비로소 진리에 도달할 수 있는 길을 제공할 수 있으며, 그렇기 때문에 이론이 곧 실천이요, 실천이 곧 이론이라고 보는 겁니다.

아마 이에 대한 회의도 끊이지 않을 것입니다. 그가 이해하고 있는 이론과 실천의 관계는 거의 신비주의적 양상을 띠고 있습니다.

7 해석학

2:25 파니카 사상에서 해석학의 역할이 중요하겠는데….

한교수 거시적으로 보면 '종교란 무엇인가?' 라는 질문은 '종교 현상을 어떻게 해석할 것인가?' 라는 질문과 일맥상통한다고 봅니다. 종교 현상 자체는 삶의 자리에서의 해석과 나에게 와 닿는 문화에 대한 이해의 정도에 따라, 나의 신앙의 깊이를 결정하기 때문에 해석학은 종교학에 지대한 영향을 줄 수밖에 없습니다. 문제는 파니카가 종교 간의 대화에 어떤 해석학을 적용했느냐 라는 겁니다. 이 문제와 관련하여 그는 아래와 같이 진술하고 있습니다.

> 다른 사람이 말하고 있는 것, 즉 다른 사람이 말하는 것이 의미하는 바를 이해해야 할 필요가 있다. 이것은 해석 그 자체에 대한 새로운 이해를 필요로 한다. 모든 해석의 황금률은 해석된 것이 해석 과정에서 그 자체를 인지할 수 있어야 한다는 것이다.[11]

---

11) R. Panikkar, *The Intrareligious Dialogue* (1999), p. 65.

여기서 우리는 그가 적용하려는 해석학의 관점을 읽을 수 있습니다. 말하자면 이것은 알려고 하는 주체와 알려지는 객체 간의 거리를 극복하는 방법인 것입니다.

그에게서는 해석학이 종교 간의 대화와 문화 상호 간의 이해를 위해 필연적인 조건입니다. 그는 이 문제에 관련될 수 있는 해석학을 "형태론적 해석학(morphological hermeneutics)", "통시적 해석학(diachronical hermeneutics)", "통소적 해석학(diatopical hermeneutics)" 등의 세 유형들로 나눴습니다.[12] 파니카의 설명에 따르면 형태론적 해석학은 특정한 문화에 파묻혀 있는 귀중한 것들을 드러내는 것이고, 통시적 해석학은 문화사에서 시간적 간격을 극복하려는 것인데 반해서 통소적 해석학은 근본적으로 다양화되어 있는 인간의 지평들을 연관시키려는 방법입니다.[13] 그가 통소적 해석학을 종교학 연구에 도입한 것은 이 때문입니다.

파니카는 통소적 해석학을 힌두교의 제사, 신화, 진리 등을 해석하는 데 적용했습니다. 그의 저서 『신화, 신앙, 그리고 해석학: 교차문화적 연구』(1979)가 바로 그 저서입니다.[14] "희생 제사", "프라자파티 신화", "수나세파 신화", "아드바이타와 바크티", "카르마" 등은

---

12) R. Panikkar, *Myth, Faith and Hermeneutics*, pp. 8-11. 나는 *dia*(=~관통, ~을 투과하는, ~을 가로질러)와 *topos*(=장소, 위치, 국소)를 결합하여 파니카가 신조어로 만든 "diatopical"이란 용어를 "장소를 관통해서"란 의미로 "通所的"이라고 번역했다.

13) R. Panikkar, *Einführung in die Weisheit*, p. 119; R. Panikkar, *The Intrareligious Dialogue* (1999), p. 27.

14) 파니카는 1965년부터 1972년까지 발표한 자신의 논문 15편을 수합하여 1979년 『신화, 신앙, 그리고 해석학: 교차문화적 연구(*Myth, Faith and Hermeneutics: Cross-Cultural Studies*)』라는 제목의 단행본으로 출판했다.

통소적 해석학으로 접근한 보기들입니다. 『삼위일체와 인간의 종교적 경험』(1973)에서도 통소적 해석학의 흔적을 찾을 수 있습니다. 한마디로 통소적 해석학은 인간의 서로 다른 자기이해를 어떻게 이해하느냐에 초점이 맞추어진 해석방법입니다.

2:26 ▸ 파니카는 텍스트를 어떻게 해석하려 했습니까?

한교수 ▸ 간단히 말해서 파니카는 텍스트를 역사적 정황과 문화적 정황에 따라 해석하려 했습니다. 역사적 정황에 따른 해석이 시간과 관련된 통시적(通時的) 해석이라면 문화적 정황에 따른 해석은 공간과 관련된 통소적(通所的) 해석이라고 할 수 있을 것입니다.

문제는 그가 한 텍스트를 해석함에 있어 시간과 공간을 뛰어넘어 그 텍스트의 사상을 해석해내려 하기보다는 상황과 문화의 상관관계에서 해석하려 했다는 점입니다. 이것은 그의 해석학이 '삶의 자리(Sitz im Leben)'의 전형을 벗어나지 못했다는 것을 시사합니다. 19세기부터 이미 역사학을 비롯하여 신학, 종교학 등의 다양한 영역들에서는 텍스트를 해석할 때 그 자료가 기록된 상황과 문화, 자료에 침전(沈澱)되어 있는 시간성(Zeitlichkeit)과 공간성(Räumlichkeit)을 해석학의 가장 중요한 요소들로 간주하기 시작했습니다. 파니카도 이 요소들을 자신의 종교사상을 정립하기 위해 도입했습니다.

8

포스트모더니즘

> `2:27` 파니카를 포스트모더니즘의 종교학자로 보려는 이들도 있는 것 같은데, 같은 생각인가요? 포스트모더니즘에 대한 정의는 매우 다양합니다. 선생님은 어떻게 이해하시는지요?

한교수 단도직입적으로 말해서 파니카와 포스트모더니즘(postmodernism)은 무관합니다. 파니카의 종교학이 종교학 연구의 상궤(常軌)를 벗어나서 이론화되곤 하기 때문에 파니카를 포스트모더니즘의 종교학자로 보려는 것 같은데, 이것은 무리한 주장입니다. 포스트모더니즘은 20세기 후반으로 접어들면서 과학과 기술이 급진적으로 발달함에 따라 좁게는 인간에게 끼친 충격파 같은 것이 삶의 다양한 현상들 — 건축, 문학, 미술, 음악, 무용, 연극 등등 다양한 문화 영역들 — 에서 표출된 새로운 사고방식을 의미하며, 넓게는 세계화로 말미암아 야기되는 국제정치적인 갈등현상과 이데올로기 대립의 현상 같은 것, 문명충돌과 그로 인해 발생되는 전쟁의 문제, 그리고 공해문제 같은 것이 복합적으로 연결되어 삶속에 침투된 현상

들을 일괄적으로 가리키는 시대정신(Zeitgeist)입니다. 세계화, 가치다
원화, 개체주의, 생태학, 여성학, 소수민족 해방운동, 전통파괴주의
등등 이런 다양한 개념들이 포스트모더니즘을 상징하는 용어들입
니다.

포스트모더니즘과 파니카, 이 둘은 서로 연관이 없습니다. 이 문
제와 관련하여 그는 구체적인 언급을 한 바 없습니다.

2:28 ┤ 포스트모더니즘을 종교다원주의 관점으로 이해할 수도 있나요?

한교수 포스트모더니즘을 규정하는 문제는 학자들마다 다릅니다.
이 말은 '포스트모더니즘이란 무엇인가?'에 대한 질문 자체에 정답
이 있을 수 없다는 것을 의미하기도 합니다. 포스트모더니즘은 이
미 이 시대의 시대정신으로 인간의 삶을 지배하고 있습니다. 여기
에서 중요한 것은 포스트모더니즘을 분출시킨 원동력을 찾아내는
것입니다. 나는 인간의 자기발견의 욕구, 사회적 굴레로부터 벗어
나려는 여성의 해방 욕구, 자연과의 상생을 희망하는 인간의 생존
욕구 등등 20세기를 뒤흔들었던 다양한 가치관들과 세계관들이 포
스트모더니즘의 동인이었다고 생각합니다. 이에 대한 역사적 진술
도 가능합니다.

포스트모더니즘은 모더니즘에 대한 반동으로 표출된 한 시대의
이념이며, 문화운동입니다. 그렇다면 모더니즘에 대한 체계적이고
포괄적인 반동은 언제부터 시작되었는가? 이 문제를 풀려면 모더
니즘의 실체부터 규명해야 할 것입니다. 모더니즘의 특징 가운데

하나는 마르크스(Karl Marx, 1818-1883)가 그의 인간이해에서 규정한 인간의 소외현상입니다. 이러한 현상에서 보면 현대인은 비인간화되고, 물화(物化)된 모습의 대상일 뿐입니다. 그래서 마르크스는 인간의 인간화를 주장하며 소외극복을 역설했던 것입니다. 이것은 인간해방에 대한 요청인 것입니다. 이런 관점에서 보면 마르크스주의는 포스트모더니즘의 전거(典據)인 셈입니다.

1948년과 1951년, 미국의 동물학자 킨제이(Alfred Charles Kinsey, 1894-1956)는 성(性)의 문제를 학술적으로 다루며 인간해방의 문제에 접근했습니다. 킨제이는 성의식을 획기적으로 바꾸어 놓았습니다. 그에 의해 비롯된 성으로부터의 해방, 개방된 성의식 등으로 인한 여성의 성적 해방, 또는 섹스라는 굴레로 여성의 인권과 존엄성마저 속박했던 사회적 편견으로부터의 해방 등이 포스트모더니즘의 물결을 일으킨 여성해방운동의 다른 한 축이 되었다고 봅니다.

1968년 4월 결성된 「로마 클럽(Club of Rome)」은 1972년 『성장의 한계』라는 보고서에서 자원고갈의 문제를 제기하며, "제로성장"의 실현을 역설했습니다. 그런데 이를 계기로 과학과 기술에 대한 인식이 새로워졌고, 현대 문명에 대한 이해가 달라지기 시작했습니다. 지하자원의 고갈, 인구증가, 기후변화 등의 문제를 진단하여 예측한 이 보고서의 내용이 적중했는지에 대한 평가는 차치하고, 어쨌든 저들 역시 포스트모더니즘을 형성하는 데 일익을 담당했던 것은 사실입니다.

포스트모더니즘을 기존 가치의 전도(顚倒)나, 사회적 규범(規範)의 해체로까지 폭을 넓혀 이해하려 한다면, 니체의 철학이나 1936년

찰리 채플린이 출연한 영화 『모던 타임즈(*Modern Times*)』에서도 그 정신을 읽을 수 있다고 봅니다. 1950년대 선풍을 일으켰던 비트족 세대(the Beat Generation)의 문화나, 전위 예술(avant-garde) 같은 것도 사실 포스트모더니즘의 싹이었다고 볼 수 있습니다. G. 오웰의 소설 『1984년(*Nineteen Eighty-Four*)』도 포스트모더니즘 형성에 어떤 형식으로든지 일조한 작품이라고 하겠습니다.

그런데 문제는 파니카가 다원주의의 관점으로 종교학을 역술했다고 하여 그의 종교다원주의 경향을 포스트모더니즘으로 볼 수 있는가라는 것입니다. 앞에서도 잘라 말한 적이 있습니다만 나는 파니카와 포스트모더니즘을 직접 관계시키는 것은 무리한 설정이라고 생각합니다.

세계화

[2:29] 종교 간의 대화는 종교 간의 담을 허물고 세계화하기 위한 노력의 일환이며 문명 간의 충돌을 피해보려는 목적 때문이라는 생각도 듭니다. 파니카가 "문화적 무장해제(cultural disarmament)"라든가 "종교적 평화(*pax religiosa*)" 등을 강조하는 것도 이런 맥락에서 이해할 수 있을 것 같은데….

한교수 그런 측면이 있는 것도 사실입니다. 파니카가 강조하는 종교 간 대화의 궁극적 목적은 종교 간의 평화를 구축하기 위한 것이므로 종교학자의 관점에서 본다면 '종교 간의 대화=세계화'로 이해할 수도 있습니다. 그러나 세계화란 다양한 관점에서 정의될 수 있고, 이해관계에 따라 상이하게 해석될 수 있기 때문에 용어 사용에 특별히 유의해야 합니다.

소련의 붕괴는 미국과 소련이라는 양극(兩極) 체계의 세계구조를 미국 중심의 일극(一極) 체계로 재편했고, 결과적으로 미국이 세계의 표준이 되었습니다. 그렇기 때문에 미국 사람들이 팍스 아메리카나를 주장하고 나오는 것입니다. 우리는 한때 세계화라는 의미를 서유럽 국가들과 미국 같은 대열에 끼어 대우를 받는 수준의 선진 국가가 되는 길인 줄 알고 세계화를 지지했습니다. 하지만 세계화의 여파로 부유한 국가는 더 부유하게 되고, 빈곤한 국가는 선진국에 계속 착취되기 때문에 더 빈곤하게 되어 빈익빈 부익부 현상이 200여 개나 되는 국가들 가운데서도 심화되고 있음을 보며 세계화에 대한 이해를 달리하게 되었습니다.

미국은 세계를 향해 '문호를 완전히 개방하라!', '무역장벽을 허물어라!', '미국의 명령에 따르라!'고 요구합니다. 이런 발상은 미국이 로마 제국처럼 되어가고 있음을 보여주는 것입니다. 결국 미국이 세계 표준이 되고, 미국화가 세계화이며, 21세기는 미국이 세계를 다스리겠다는 제국주의적 발상이 미국이 강요하는 세계화의 이념입니다.

나는 세계화뿐만 아니라 이와 관련하여 문명의 충돌에 관해서도 생각해보았습니다. "문명의 충돌(the clash of civilizations)"이란 용어는 새뮤얼 헌팅턴(Samuel P. Huntington, 1927-2008)에 의해 세계적인 화두가 되었습니다. 그러나 문제는 헌팅턴의 주장을 어떻게 이해하느냐에 따라 문명의 충돌에 대한 이해도 달라질 수 있다는 것입니다. 헌팅턴의 이론이 흥미로운 것은 사실입니다. 하지만 그가 9·11 사건이나, 이라크 전쟁 등과 같은 사실상 인종적·종교적·문화적 갈등이나 충돌로밖에 볼 수 없는 사건들이 터질 때마다 문명비평가로서의 '세계 시민' 헌팅턴이 아니라 팍스 아메리카나(Pax Americana)의 시각으로 문명충돌의 현상마저도 재단하려는 '미국인' 헌팅턴이 아니었는가 싶습니다. 9·11 사건이 터지자 미국의 충격은 대단했습니다. 기자들이 헌팅턴에게 이 사건의 진단을 요구했을 때 그의 입장은 유보적이었으나 결국 문명충돌은 아니고, 단지 이슬람 테러리스트들의 테러행위일 뿐이라고 진단했습니다. 그는 이라크 전쟁도 문명충돌의 관점에서 보지 않습니다. 누가 보아도 이라크 전쟁은 기독교 문명과 이슬람 문명의 충돌입니다. 그러나 그는 사담 후세인이 대량살상무기와 핵무기를 개발하기 때문에 인류의 재앙을 막기 위해 그를 제거하는 과정에서 일어난 성전이라는 조지 부시의 선전포고를 그대로 받아들이며 미국의 이라크 공격을 정당화했습니다. 그의 주장과 논리에는 문제가 있습니다. 물론 그가 세계적인 돌발 사건들을 어떻게 해석하든지, 그것은 그의 자유입니다. 그러나 문명비평가로서 세계적 권위를 인정받고 있는 그가 충돌현장에 대하여 침묵하거나 미국 정부의 대변인 역할을 하는 듯한 태도를 보인 것은 학자적이지 않다는 것입니다. 한마디로 그의 이론은 객관화된 것처럼 포장되어 있으나 그 바탕에 깔린 의도는 역시 미국 중심주의적이라는 것입니다. 그가 세계적 지성의 한 사람으로서 세계정세의 변화를 해석함에 있어 학자적 양심에 따르지 못했던 점, 그리고 문명비판의 잣대를 두 개 갖고 국제질서를 재단했던 점 등은 그에 대한 관심만큼이나 실망스러운 것이 사실입니다.

 세계화를 정치·경제의 논리로 추진하지 않고, 문화공존의 논리로 추진하면 다원화와 동의어가 될 수 있을 것 같은데….

한교수 원론적으로는 맞지만 현실적으로는 문제가 많습니다. 지금처럼 미국에 의한 세계화에는 역기능이 더 크게 작용한다고 봅니다. 미국 주도하에 일극 체계로 세계를 재편해가는 과정을 세계화로 이해하는 것은 문제입니다. 이것은 유물사관을 대체한 아메리카니즘(Americanism)이라는 이데올로기입니다. 지금의 세계화라는 것은 세계화라기보다는 미국화라고 하는 게 오히려 맞는 표현이라고 생각됩니다.

문명충돌의 문제만 하더라도 세계평화를 위해 경찰국가로 행세하는 미국이 중동 사태만 터지면 이스라엘의 지원병 역할을 노골적으로 하기 때문에 무슬림들의 의식 속에 축적된 불만이 이스라엘과 그 후견세력인 미국 쪽으로 폭발된 것입니다. 이스라엘은 건국이후 중동국가들을 상대로 다섯 차례나 전쟁(1948-49, 1956, 1967, 1973, 1982)을 했습니다. 그런데 전쟁 때마다 중동국가들은 미국 때문에 패했습니다. 6일 전쟁(1967년 6월 5-10일) 때도 이집트가 이스라엘에 항복해야 했습니다. 상황이 이렇게 되자 16억 명의 무슬림들은 자기들에게 고통만을 안겨주는 미국이야말로 "악의 축"이며 저주의 대상이라는 공감대를 형성해가기 시작했습니다. 미국에 의한 이스라엘 편들기 때문에 쌓여진 반미, 반서구 제국에 대한 불만은 1960년대 중반부터 1980년대까지는 PLO(Palestine Liberation Organization, 팔레스타인 해방기구) 등을 통해 무력 투쟁으로, 1990년대 이후로는 이슬람 원리주의자들의 사병조직들에 의해 9 · 11 사건 등으로 폭발하게 된 것입니다.

[2:31] ┤ 미국은 문명충돌의 계기를 통해 궁극적으로는 세계를 미국의 영향권 아래 두려는 것으로 보입니다. 이런 점에서 미국을 문명충돌의 원인자로 보

시는 것 같은데….

한교수 — 그렇습니다. 미국은 영국을 비롯한 여러 나라들과 협공 작전을 펴며 이라크와 두 차례에 걸쳐 전쟁을 했는데, 매번 너무 무참하게 공격했습니다. 최신예 무기들로 무장한 정예군으로 재래식 무기들로 무장한 이라크 군을 공격한 것입니다. 그리고 매번 비교도 안 되는 상대와의 싸움에서 이겼다고 승리를 선언하곤 했죠. 무슬림들은 비슷한 조건에서 졌다면 자기네 잘못을 인정하겠지만, 초강대국 미국이 이스라엘 편을 들기 위해 이슬람 국가를 하나씩 무력화(無力化)해가는 것으로 생각하기 때문에 미국을 증오하는 것입니다. 이슬람 석학들이나 중동학자들은 미국이 세계평화라는 미명으로 평화주의를 표방하지만, 솔직히 문명충돌의 원인제공자는 미국이라고 봅니다.

2:32 ├ 파니카는 종교 간의 갈등을 해소할 수 있는 방법으로 종교 간의 대화를 주장했고, 문명충돌을 피할 수 있는 길로서 문화적 무장해제를 제안했습니다.

한교수 — 원론적으로는 훌륭하지만 실제적으로는 종교의 보편성을 정립하려는 발상이 파니카의 의식 저변에 깔려 있습니다. 파니카는 모든 종교들을 보편적 가치로 동질화하려 했습니다. 그가 기독교를 비판하는 이유도, 기독교가 종교적 보편주의를 거부하기 때문입니다. 그는 종교의 보편성을 주장했고, 이런 논리로 문화적 무장해제를 역설했습니다. 문명의 충돌은 문화적 갈등에서 비롯되고, 이런 갈등의 원인은 문화마다 우월의식을 갖고 타 문화들을 무시하거나 말살하려 하기 때문에 발생하므로 문화 간의 배타주의는 지양되어야 한다는 것이 그의 입장입니다.

Raimon Panikkar

3

파니카 사상의 기초

파니카의 지상 목적은 기독교의 탈기독교화(Entchristianisierung)입니다.

| 저자 |

창조론

3:1 파니카는 기독교의 창조론을 믿으며 가톨릭 신부까지 되었지만 힌두교 연구에 몰입하면서부터 만물은 신의 말씀으로 창조된 것이 아니고 신의 자기희생으로 창조되었다고 주장했습니다. 파니카의 창조론을 어떻게 생각하십니까?

한교수 파니카의 종교론이 학계에 주목을 받는 이유 가운데 하나는 창조를 신의 자기희생으로 간주하기 때문입니다. 그의 창조론은 기독교 창조신학에서보다는 힌두교 경전인 베다(Veda)에서 결정적인 영향을 받아 정립된 것입니다. 그는 프라자파티(Prajāpati) 신화에서부터 그의 창조론을 시작합니다. 이 신화에 따르면 프라자파티는 신들의 아버지이며, 창생의 에너지를 가진 지고의 원리입니다. 태초에 존재도 비존재도 없었던 공허한 상태, 어둠만 있던 상태에서 프라자파티는 어둠을 깨고 창조를 하기 위해 자기 자신을 희생합니다. 이 신화의 핵심은 신이 창조신이기 위해서는 자기 자신을 희생해야만 한다는 점입니다. 자신을 희생하지 않고서는 프라자파티 자신이 창조신일 수 없다는 것, 이것이 바로 이 신화의 존재론적 신학입니다.[1] 파니카는 기독교도 그리스도의 자기희생으로 생성된 종교이므로 힌두교의 창조신과 동일한 기능을 가진 신을 믿는 종교라고 역설합니다. 그는 창조신학과 구속신학을 혼동하고 있습니다. 기독교는 우주 만물이 하나님의 말씀으로 창조되었다는 창조신학과 원죄로 타락한 인간이 그리스도로 말미암아 구속되었다는 구속신학을 겸비한 종교입니다.

3:2 ┤ 파니카의 창조론을 정리한다면….

한교수 한마디로 말해서 신의 자기희생으로서의 창조란 "희생의 신비(mystery of sacrifice)"로 의미화될 수 있을 것입니다. 기독교는 신이 무에서 유를 창조했다고 믿고, 힌두교는 신이 해산의 진통을 통해 낳았다고 믿습니다.[2] 이것만으로도 두 종교 간의 유사성을 찾기는 어렵다고 봅니다.

3:3 ┤ 파니카는 기독교의 창조론이 유대교 신앙의 잔재이므로 이를 벗어날 때 비로소 기독교의 본래성을 찾을 수 있다고 생각하는 것 같은데….

한교수 나도 파니카의 주요 저서들을 정독하며 그런 인상을 받았

---

1)   R. Panikkar, *Myth, Faith and Hermeneutics*, pp. 42-43, 67, 70-78, 82-85, 125-27.

2)   R. Panikkar, *Christophany*, pp. 128, 169; R. Panikkar, *Myth, Faith and Hermeneutics*, pp. 72-86.

습니다. 그는 이 문제에 대하여 구체적으로 진술하거나 단정적으로 표현하지는 않았습니다. 그러므로 그의 저서들을 피상적으로 읽거나 가톨릭 신부의 저술이라는 전제하에 읽으면 판단의 오류에 빠져 파니카의 의식구조를 정확하게 파악할 수 없습니다.

기독교의 뿌리는 유대교이고, 유대교를 지탱하고 있는 지주(支柱)는 모세오경입니다. 그러나 파니카는 창세기의 창조론에 동의하지 않습니다. 일견 이 문제는 창조론과 관련된 것 같지만, 실상은 신관과 관련된 것입니다. 그는 힌두교의 창조신 프라자파티가 어떻게 만물을 창조했는지 설명하며, 유대교의 유일신론에 기초한 기독교의 창조론을 부정합니다. 그러나 기독교가 유대교의 창조론을 부정하게 되면, 결국 기독교 신학의 2000년사를 송두리째 부정하게 되는 것이고, 이렇게 되면 기독교는 지금과 같은 기독교가 아닌 전혀 새로운 종교로 이질화되게 됩니다.

파니카의 지상 목적은 기독교의 탈기독교화(Entchristianisierung)입니다.

2
아드바이타

3:4 파니카의 사상을 아우를 수 있는 한 가지 개념을 꼽는다면….

한교수 나는 아드바이타(*advaita*)라는 개념으로 그의 사상을 아우를 수 있으리라고 생각합니다. 파니카는 아드바이타를 그의 종교학의 방법이나 구조, 또는 내용이나 형식 등을 설명할 때 폭넓게 사용하곤 합니다. 그에게서 아드바이타는 개념이며 동시에 도구인 셈이지요. 그러므로 그가 아드바이타를 자신의 사상에 어떻게 적용했고, 이론화했는지 파악하는 것도 그의 사상을 이해하는 데 많은 도움이 되리라고 봅니다.

아드바이타란 산스크리트(Sanskrit)어로 '비이원성(非二元性)' 또는 '불이성(不二性)'이란 의미로 사용되고 있습니다. 그렇다고 아드바이타가 순수 일원론의 의미를 갖고 있는 것도 아닙니다. 아드바이타는 이원론을 배척하는 만큼이나 순수 일원론도 배척하는 불이일원론(不二一元論)의 근본원리입니다. 아드바이타의 진리, 즉 모든 실재는 아드바이타로 인해 진리로 인식될 수 있다는 이론이 그의 종교

학 이해의 관건이라 하겠습니다.[3]

간단히 말해서 아드바이타란 논리구조상 주체가 객체를 포함하고, 객체가 주체를 포함하면서 주체와 객체는 둘이면서 하나이고, 하나이면서 둘인, 그래서 둘로만 존재하는 이원론도 아니고 둘이 하나가 된 일원론도 아닌 것입니다.[4] 파니카가 이 개념을 믿음과 앎의 변증법적 관계를 비롯하여 신인론에 도입하면서 비로소 종교학계에서 관심을 갖게 되었습니다.

> 3:5 ├ 파니카의 종교학에서 아드바이타와 실재는 어떤 관계에 있습니까?

한교수 ▶ 파니카는 실재가 진리로 인식될 수 있는 것은 아드바이타적 경험 때문에 가능하다는 확고한 입장을 고수하고 있습니다. 이렇게 본다면 아드바이타는 모든 실재의 비이원적 개성입니다. 그는 힌두교를 신에 대한 절대귀의의 감정에 역점을 두는 "신애(*bhakti*)의 종교"며 구원에 이르는 길을 가르쳐주는 "지혜(*Jñāna*)의 종교"로 봅니다.[5] 이것이 그의 실재관이며, 진리론입니다. 이에 따르면 실재는 신비이고, 그리고 그 자체가 다원적입니다. 실재 자체가 불이론적

---

3) R. Panikkar, *Myth, Faith and Hermeneutics*, pp. 278-88; R. Panikkar, *The Trinity and the Religious Experience of Man*, pp. 25-40; R. Panikkar, *Christophany*, p. 23.

4) R. Panikkar, *The Trinity and the Religious Experience of Man*, pp. 25, 36-40; R. Panikkar, *Myth, Faith and Hermeneutics*, pp. 278-89. 파니카는 "신인론"을 "그리스도 현현"과 동일 개념으로 사용하면서 "그리스도 현현의 경험(the Christophanic experience)"을 "아드바이타 경험(an *advaita* experience)"이라고 단정한다(R. Panikkar, *Christophany*, p. 23).

5) R. Panikkar, *Myth, Faith and Hermeneutics*, p. 279.

총체성 가운데서 인식될 수 있는 진리이기 때문에 다원적일 수밖에 없고, 또 그 실재는 분명하게 드러날 수 있는 명료한 사실, 사건과 같은 것이 아니기 때문에 신비라는 것입니다.

파니카는 그리스도를 아드바이타로 규정하기도 합니다. 기독교인이 그리스도라고 부르는 개념을 아드바이타로 치환(置換)한 셈입니다. 그는 아버지와 아들이란 오직 두 이름에 불과하며, 관계일 뿐이라고 역설하기도합니다. 그는 이 관계를 "삼위일체의 범주(the category of the Trinity)"로 규정하며, 아드바이타라고 했습니다. 그는 아드바이타의 실재를 신과 인간의 하나 됨이란 의미에서 사용하면서, 이 실재를 '신-인 일체'란 의미의 "신인론적 단일성(theandric unity)", "신인론적 실재(theandric reality)", "신인론적 존재(theandric being)", "신인론적 신비(theandric mystery)", "아드바이타 경험(an *advaita* experience)" 등등 여러 가지로 표현합니다.[6]

---

6) R. Panikkar, *Worship and Secular Man*, pp. 92-93; R. Panikkar, *The Trinity and the Religious Experience of Man*, pp. 73-77; R. Panikkar, *Myth, Faith and Hermeneutics*, pp. 278-89; R. Panikkar, *Christophany*, pp. 23, 183.

3

우주신인론

[3:6] 우주신인론이란 무엇입니까?

한교수 우주신인론(cosmotheandrism)은 파니카가 '우주(*kosmos*)', '신(*theos*)', '남자(*anêr*)'라는 세 낱말을 조합하여 만든 신조어입니다. 태초부터 만물은 우주, 신, 인간의 세 차원들로 구성되어 있으며, 이 셋이 상호 연관되어 하나의 실재를 이루고 있다는 것이 우주신인론의 요지입니다. 이러한 관점을 그는 "우주신인론적 비전"이라고 했습니다. 그의 설명에 따르면,

> 우주신인론적 비전(die kosmotheandrische Vision)은 아마 최초의 본원적인 의식형태로 간주될 수 있을 것이다. 실제로 그것은 인간의 의식이 생성되던 맨 처음부터 나누어지지 않은 전체에 대한 비전으로 암시되었다.[7]

---

7) R. Panikkar, *Gott, Mensch und Welt: Die Drei-Einheit der Wirklichkeit* (Petersberg: Verlag Via Nova, 1999), p. 70.

우주신인론적 비전은 신이나, 인간이나, 세계 가운데 독보적인 어느
하나의 주위를 돌고 있지 않으며, 그리고 이런 의미에서 그것은 중심
과 무관하다. 이 세 차원들은 동시에 있으며, 서로 연관되어 있지만,
존재론적 선재성들이 존재하는 방식처럼 위계적으로 배열될 수도 있
고 서로 대등하게 배치될 수도 있다. 하지만 이들은 서로 고립되어 존
재할 수는 없다. 그렇게 하는 것은 이 셋의 연관성을 끊는 것이다.[8]

정리해본다면 우주신인론적 비전은 우주, 신, 인간이라는 "삼중
극성(a threefold polarity)"이 각각 다른 상태나 형태로 있는 것이 아니고,
상호 연관성을 견지하며 전체를 구성하고 있다는 겁니다.[9] 이 셋의
존재 방식을 파니카는 우주신인론적 원리라고 했습니다.

우주신인론적 원리(das kosmotheandrische Prinzip)는 다음과 같
이 설명될 수 있다. 우리가 늘 말하곤 하는, 신적인 것, 인간적인 것,
현세적인 것은 실재를 형성하는 필요불가결한 세 차원들이다.… 이
원리는 우리 정신의 추상능력이 제한된 특정 목적을 위해 실재의 부
분들을 서로 독립적으로 관찰할 수도 있다는 것을 부정하지 않는다.
그것은 현실의 복잡성과 그것의 많은 단계들을 부정하지 않는다. 부
분들은 서로 우연히 함께 있는 것이 아니고, 본질적으로 전체와 연관
되어 있는 부분들일 뿐이라는 것을 우리는 기억한다.[10]

---

8)   *Ibid.*, p. 101.

9)   R. Panikkar, *The Intrareligious Dialogue* (1999), p. 24. Cf. Raimon Panikkar, *The Cosmotheandric Experience: Emerging Religious Consciousness*, with Introduction by Scott Eastham (Maryknoll, New York: Orbis Books, 1993).

10) R. Panikkar, *Gott, Mensch und Welt*, p. 77.

이런 맥락에서 그는 "실재는 비이원론적이며, 존재하는 모든 것들은 이 세 가지 구성적 차원들을 갖고 있다. 우주적이고, 인간적이고, 신적인 차원"이 그것들이라고 진술합니다.[11] 인간은 이 세 차원들을 전체로 통찰할 수도 있고, 이 세 차원들을 각각의 부분들로 인식할 수도 있다는 것이 그의 설명입니다. 한마디로 이 세상에 존재하는 모든 실재들에는 이 세 가지 차원들이 본래성을 이루고 있다는 것인데, 이에 대한 통찰을 그는 우주신인론적 직관이라했고, 이와 관련된 세 차원들의 전체를 "삼위일체"라고 규정했습니다.[12]

우주신인론적 직관(die kosmotheandrische Intuition)이 강조하는 바는, 이 실재의 세 차원들은 전혀 차이가 없는 실재의 세 가지 존재 상태도 아니고, 다원적 체계의 세 원소들도 아니라는 것이다. 이것은 오히려 실재의 궁극적 구성을 나타내는, 그러나 필요불가결한 일종의 삼중 관계이다. 존재하는 모든 것, 각각의 실제적인 본질은 세 차원들로 표출된 이 삼위일체 구성을 연출한다.[13]

우주신인론적 직관은… 존재하는 모든 것의 세 가지 핵심에 대한 통찰(Einsicht)이다.[14]

---

11) R. Panikkar, *Einführung in die Weisheit* (Freiburg im Breisgau: Verlag Herder, 2002), p. 120.

12) Cf. R. Panikkar, *Gott, Mensch und Welt: Die Drei-Einheit der Wirklichkeit* (Petersberg: Verlag Via Nova, 1999).

13) *Ibid.*, p. 77.

14) *Ibid.*, p. 78.

비록 철학적 표현방식의 하나이기는 하지만, 내 견해로는 내가 서
술하려 했던 우주신인론적 직관은 우리 시대의 발전된 종교 의식
(Bewußtsein)을 대변하는 것이다.[15]

그는 이들 간의 내재적 연관성을 설명하기 위해 기독교의 삼위일
체론에서 사용하는 삼위상호내재성(*perichoresis, circumincessio*)이라는 개념
을 차용했다고 고백하며, 우주신인론적 직관은 불교와 힌두교 등에
서뿐 아니라 중국의 경서와 아프리카의 전통들에서도 발견되는 것
이라고 역설합니다.[16] 그는 우주신인론의 구조가 실제로는 기독교
의 삼위일체 구조보다 더 근원적이고 원초적이라고 주장합니다. 삼
계(三界) 형식은 오래전부터 공간적 · 시간적 · 우주론적으로나 형이
상학적으로 사용되어왔으며, 동서양의 고전에서도 쉽게 발견할 수
있는 구조인데, 기독교가 신론을 설명하며 삼위일체란 개념으로 사
용한 것일 뿐, 결코 기독교의 독창적 용어가 아니라는 것이 파니카
의 주장입니다. "신들의 세계, 인간의 세계, 세월이 남겨 놓은 세계",
"하늘, 땅, 지하세계", "하늘, 땅, 그 사이의 세계", "과거, 현재, 미래",
"영, 혼, 육" 등등 셋의 연관성은 우리 주변의 어디에서나 인식할 수
있으며, 이 셋이 하나된 것이 삼위일체라는 것이 파니카의 지론입니
다. 따라서 그는 존재(*sat*)-의식(*cit*)-기쁨(*ananda*), 삼계(*triloka*), 공간적인
것-시간적인 것-인간학적인 것 등의 개념들도 삼위일체라고 주장

---

15) *Ibid.*, p. 101.

16) R. Panikkar, *Einführung in die Weisheit*, pp. 120-21.

합니다.[17]

3:7 우주신인론은 파니카 자신의 신론입니다. 그는 기독교의 삼위일체 신론을 자의적으로 해석하며, 기독교의 삼위일체 신론을 기독교로부터 해방시키고 싶어하는 듯합니다. 선생님은 이런 간섭을 어떻게 생각하십니까?

한교수 파니카는 신적인 것을 성부로, 인간적인 것을 성자로, 우주적인 것을 성령으로 해석하면 우주신인론도 또 하나의 삼위일체론이 될 수 있다고 주장합니다. 그러나 우주신인론은 결코 기독교의 삼위일체론일 수 없습니다. 우주신인론은 우주-신-인간의 세 차원들이 상호 연관하여 하나의 실재를 이루고 있다는 설이고,[18] 삼위일체론은 성부-성자-성령의 삼위(三位)가 서로 구별됨이 없이 하나님의 본성 안에서 일체를 이루고 있다는 설입니다. 파니카는 우주신인론적 비전 자체를 인간의 근원적이고 원초적인 의식형태로 봅니다. 말하자면 인간의 의식구조에는 물론 만물의 존재론적 구조 속에도 삼위일체 구조가 선재되어 있다는 것입니다. 그래서 그는 의식의 지평에 잠재되어 있는 삼위일체 구조에 대한 직관적 지식은 기독교만의 전유물일 수 없다고 단호히 말합니다. 삼위일체는 존재와 의식의 모든 영역에 충만하고, 이런 비전은 우리 모두와 연결되어있는 진리의 극치라는 것, 이것이 그의 주장의 핵심입니다.[19] 이

---

17) R. Panikkar, *Gott, Mensch und Welt*, p. 71.

18) R. Panikkar, *The Intrareligious Dialogue* (1999), p. 24.

19) R. Panikkar, *The Trinity and the Religious Experience of Man*, xi.

에 근거하여 그는 우주신인론을 삼위일체 구조로 구축하려 했습니다. 요컨대 완전한 실재는 신인우주론적(theoanthropocosmic), 또는 좀더 적합하게 말하면 우주신인론적(cosmotheandric) 본성을 나타내고 있다는 것이 파니카의 관점입니다.[20] 그가 기독교의 삼위일체 구조를 차용하여 그의 우주-신-인간의 삼중구조를 구축했기 때문에 우주신인론의 구조가 삼위일체론의 구조처럼 보일 수는 있습니다. 하지만 우주신인론은 기독교의 삼위일체론과 형식적으로는 유사하되 본질적으로는 천양지판(天壤之判)입니다. 삼위일체론은 인격적 신론과 관련되어 있고, 우주신인론은 우주론적 세계론과 관련되어 있습니다. 파니카는 우주신인론을 존재하는 모든 것에 내재된 근원적이고 원초적인 형태로, 그리고 그 구조를 인간의식에 잠재된 형식으로 봅니다만, 엄밀히 말해서 우주신인론은 범신론이나 물활론, 동양철학에서의 천지인(天地人) 사상과 크게 다르지 않습니다.

3:8 ▶ 파니카는 우주신인론에 대하여 진술하며 기독교의 삼위일체 신만 궁극적 실재인 것은 아니라고 주장했는데, 어떤 점이 선생님의 생각과 다른지 구체적으로 말씀해 주시겠습니까?

한교수 ▶ 기독교 신학은 창조주와 피조물의 영원한 질적 차이를 역설합니다. 하지만 파니카는 이러한 신학 자체를 부정합니다. 그에 따르면 신은 창조주(theos)와 피조물(kosmos, anêr)이 일치된 존재로서 우주신인론적 실재입니다. 그는 이 실재를 기독교의 삼위일체 신과

---

20) R. Panikkar, *The Intrareligious Dialogue* (1999), xvi.

동일하다고 주장합니다. 바꿔 말하면 기독교의 삼위일체 신도 우주 신인론적 실재라는 겁니다.

나는 세계적인 종교들이 인류 문화의 창달(暢達)에 이바지했던 점을 부정하지 않습니다. 다만 내가 주장하려는 것은 종교마다 생성 배경이 다르고, 신앙의 본질과 현상이 다르며, 예배의 형식과 내용이 다르기 때문에 종교 간에는 필연적으로 다름이 있을 수밖에 없다는 점을 솔직히 인정하고, 이 차이점을 상대편의 관점에서 이해하며, 바로 이 차이점 때문에 특징화된 서로의 정체성을 존중하자는 것입니다. 이런 정도의 환경이 조성되어 있을 때 비로소 종교 간의 만남과 대화도 가능하고, 협동사업도 가능하다는 것이 나의 생각입니다. 이에 반하여 파니카는 신을 궁극적 실재로 믿는 종교들은 모두 동일하다고 주장하며, 각 종교들의 정체성 자체를 획일화했습니다.

존재

[3:9] 파니카는 존재란 '있음'이 아니고 '있다'라고 역설합니다. 그가 경험을 중요시하기 때문이라는 생각이 듭니다. 무엇이 문제라고 생각하십니까?

한교수 존재란 개념에 대한 이해의 차이를 인정한다면 문제될 것이 없습니다. 동서양을 막론하고 인류사에서 가장 중심적인 화두는 존재에 관한 것이었습니다. 철학에서는 물론 종교학에서도 존재에 관한 담론에 따라 인류의 보편적 가치에 대한 해석이 달라졌습니다. 이에 따라서 학파가 형성되기도 했고 분분한 학설들이 인간의 삶을 다양한 형식으로 지배하기도 했습니다. 엄밀히 말해서 '존재란 무엇인가?'에 대한 정답은 없습니다. 문제는 사람마다 존재란 개념을 자신의 이해 차원에서 사용하고 있지만 존재란 개념과 전혀 무관한 용어로까지 무분별하게 사용함으로써 개념을 오용해왔다는 점입니다. 대체적으로 철학이나 종교학에서는 존재를 이데아나 범주적 실재, 무시무종이나 생성, 정신이나 물질, 궁극적 실재나 신 등등 다양한 개념으로 규정합니다.

파니카는 존재란 개념이 철학과 종교학의 주요 개념으로 역할을 감당하고 있음에도 불구하고 기존의 존재 개념을 부정합니다. 그에 따르면 존재란 신비함을 직접 느끼며 그 경지에 접해본 근원적 경험과 직결되어 있습니다. 그는 존재를 '존재적(ontic)'이나 '존재론적(ontological)' 범주에 속하는 어떤 것으로 인식하지 않고, 구체적으로 경험되는 어떤 것으로 규정했습니다. 그렇기 때문에 존재는 경험으로써 접할 수밖에 없다는 것이 그의 입장입니다. 이에 대하여 그는 다음과 같이 말했습니다.

> 우리는 존재의 심원한 핵심을 발견하는 것이 중요하다고 말하곤 한다. 하지만 존재는 존재하지 않으며, 어디에도 없으며 아무도 발견할 수 없는 추상일 뿐이다. 존재는 없다(es gibt das Sein nicht). 다만 존재라는 생각만 있을 뿐이다. 물론 존재의 문제에 관한 책들은 많다. 그러나 실재를 표현하려 시도하곤 했던 존재의 개념은 추상이다. 그 반면에 실재 자체는 추상적이지 않고, 항상 구체적이다. "나는 있다(bin)", "너는 있다(bist)", "그것은 있다(ist)"에서 '있다'가 존재다. 존재하는 것은 존재라는 개념이 아니고, 의자가 있다(Ist), 네가 있다(bist), 나는 있다(bin)에서의 "있다(bin, bist, ist)"이다.[21]

[3:10] 존재에 대한 행위에 따라 예배드리는 행위에 대한 이해도 달라질 수 있다고 봅니다. 파니카는 예배를 신앙의 발로(發露)로 드러난 상징적 행위나 신앙을 개념화하는 행위 등으로 규정하는데….

---

21) R. Panikkar, *Einführung in die Weisheit*, pp. 134-35.

 문제는 예배드리는 행위를 어떻게 이해하느냐에 있습니다. 예배드리는 행위와 집단체조(mass game)를 같다고 볼 수는 없을 것입니다. 예배 행위는 초월적 존재와 관계되어 있기 때문에 스포츠 행위와는 본질적으로 다릅니다. 참된 예배 행위는 결코 집단주의적이지도 개인주의적이지도 않습니다. 참된 예배는 인격적입니다. 그러므로 참된 예배는 독선적 신앙, 폐쇄적 신앙, 맹신적 행동, 광신적 행동 등을 극복할 수 있을 정도의 인격체가 신과 만남으로써 시작하는 행위입니다. 예배에서 그리고 예배를 통해서 인간은 자신의 가장 진지하고 자유로운 행위를 실천할 수 있습니다. 예배는 신과의 전인적 만남이며, 자기 자신을 모두 드리며 믿는 실존적 행위입니다. 신약성서는 예배에 해당하는 그리스어 'προσκυνέω'라는 낱말을 60회나 사용했는데, 이는 '예배하다', '무릎을 꿇어 경의를 표하다'는 의미를 갖고 있습니다. 한마디로 예배란 인간이 신 앞에서 무릎을 꿇고 경배하는 숭경(崇敬)의 상태며 성령의 역사(役事)로 말미암아 실존적 결단이 실현되는 순간입니다.

이에 반하여 파니카는 예배를 "믿음의 표현"이며, "특별한 믿음으로부터 야기되는 상징적 행위"로 규정했습니다.[22] 이 믿음으로 말미암아 "신앙의 특별한 결정체(crystallization)", "신앙의 확실한 개념화(conceptualization)" 등이 가능하게 되었다는 것이 그의 주장입니다.[23] 중요한 것은 그가 예배를 어떻게 규정했느냐보다 예배드리는 행위를 어떻게 이해했느냐 라는 것입니다. 그는 예배 행위를 "우주적–인

---

22) R. Panikkar, *Worship and Secular Man*, p. 7.

23) *Ibid.*, p. 9.

격적 관점", 달리 말하면 "신인론적 차원(the theandric dimension)"에서 이해했고 그의 우주신인론 및 아드바이타 개념과도 연계시켰습니다. 그는 예배를 신애(*bhakti*)과 지혜(*jñāna*), 행함(*karma*) 등이 현실적 삶에서 인간의 근본적인 행위로 역동하는 것으로 진술하기도 했습니다.[24]

3:11 ─ 종교는 예배와 의식(ritual)의 관계를 어떻게 이해하느냐에 따라 차별화되는데, 파니카는 이 관계를 보편적 기독론으로까지 확대하여 해석했습니다. 특별한 의미가 있다고 보십니까?

한교수 ─ 근본적인 문제는 파니카가 예배와 의식의 관계를 어떻게 해석했느냐보다 타 종교들이 과연 파니카의 해석을 수용할 것인가라는 점입니다. 그에 따르면 예배는 신인론적 행위입니다. 존재는 이러한 행위와 연관되어 있고, 이러한 행위는 의식과 관계되어 있다는 것, 그렇기 때문에 이런 의식을 통해서 존재는 신비적인 어떤 것을 발현할 수 있다는 것, 이것이 그가 말하는 존재의 신비입니다.

어쨌든 파니카는 존재라는 용어를 특별히 중요시합니다. 존재는 신인론적 실재이므로, 그 자체만으로도 신비한 상징이라는 것이 그의 생각입니다. 그는 바로 이 존재를 그리스도라고 했습니다. 그리스도는 힌두교나 이슬람교, 불교 등에서도 그리스도라는 호칭 대신 다른 이름으로 숭배되고 있다는 것, 그러므로 기독교만 그리스도를 믿는 유일한 종교라는 주장은 독선이라는 것, 이것이 파니카의 주

---

24) Cf. *Ibid.*, pp. 81-90.

장입니다.[25] 좀 거칠게 표현하면 모든 종교가 기독교라는 것입니다. 그가 종교 간의 대화라는 명분으로 모든 종교들을 동질화하려 했던 행위를 타 종교들은 과연 어떻게 받아들일지…. 의미는 여기에서 찾아야 될 것으로 봅니다.

---

25) R. Panikkar, *The Trinity and the Religious Experience of Man*, pp. 52-56; R. Panikkar, *The Intrareligious Dialogue* (1999), p. 71.

5

신비주의

3:12 ⟩ 파니카는 신비주의를 궁극적 실재와 관계된 경험 같은 것으로 이해
하고 있는 듯한데, 이에 대해 어떻게 생각하십니까?

한교수 ⟩ 신비주의에 관해 파니카는 비교적 간단명료하게 진술한
바 있습니다. "신비주의로 나는 실재의 궁극적 경험과 관계된 것들
을 말한다"라는 것이 그의 견해입니다.[26] 한마디로 그가 규정하고
있는 신비주의란 궁극적 실재를 경험할 수 있는 길, 즉 신을 인식할
수 있는 방법론이라고 할 수도 있습니다.

3:13 ⟩ 파니카에게는 동양과 서양이라는 두 문화의 흐름이 합류되어 맥맥
히 흐르고 있습니다. 신비주의에 대한 그의 이해에도 문화적 합류가 작용하고
있기 때문에 그의 신비주의를 명료하게 규정하기 어렵다는 한계가 있는데….

한교수 ⟩ 맞는 애깁니다. 그는 영성적 · 명상적 의미의 동양적 신비

---

26) R. Panikkar, *Christophany*, p. 40.

주의의 개념을 말하다가, 초월적인 것과 내재적인 것의 합일을 말하며 서양 기독교의 신비주의와 유사한 입장을 취하기도 합니다.

일반적으로 기독교에서 신비주의에 관해 이야기할 때는 십자가 상에서의 그리스도의 고통이라든지, 그리스도가 대속을 위해 흘린 피의 값이라든지, 그리스도가 당한 고통이 나의 몸속에서 그대로 느껴져서 그것으로 인해 그리스도를 경험했다는 등의 그리스도 신비주의가 주류를 이루고 있습니다. 한국에서는 이용도 목사가 십자가상의 그리스도를 경험했다는 소문이 퍼지며 그를 그리스도 신비주의자로 단정한 적이 있었습니다. 그러나 파니카의 그리스도 신비주의는 그리스도의 고통과 대속의 아픔이 어느 한순간에 느껴지면서 그리스도와 하나 되는 경험의 신비주의가 아닙니다. 파니카가 그리스도와 나사렛 예수를 분리(分離)해 놓고 그리스도 신비주의에 관해 언급하는 것 자체를 전통적 기독교는 이해할 수 없습니다.[27] 파니카의 그리스도 신비주의와 그의 기독론인 "그리스도 현현(Christophany)"의 관계는 매우 모호한 문제라고 생각됩니다.

3:14 ┤ 성경에는 "그리스도와의 만남"(요 14:23; 고전 6:14-17; 골 3:1-3; 히 2:10-13; 벧전 4:12-16; 요일 3:1-3), "그리스도와의 연합"(요 15:4-5; 고전 12:12, 27; 엡 2:21-22, 4:15-16, 5:23, 30), "그리스도와 함께함"(롬 6:4, 6, 8:17; 엡 2:5-6; 딤후 2:12), "그리스도와 하나 됨"(고전 2:16, 6:17, 10:16-17, 고후 5:18-21; 빌 3:10) 등에 관한 기록과 "주는 그리스도"(마16:16; 막 8:29; 눅 9:20)라는 베드로의 고백과 예수께서 "그리스도임

---

27) Cf. *Ibid.*, p. 150. Raimon Panikkar, *The Experience of God: Icon of the Mystery* (Minneapolis: Fortress Press, 2006), pp. 68-75.

을 증거한 기록"(요 20:28, 29) 등등 그리스도 신비주의적 요소에 관한 기록이 많습니다. 파니카의 삶에서 신비주의는 어떤 의미가 있나요?

한교수 파니카는 그의 삶 중에서 신비주의를 가장 중요한 동력으로 이용했습니다. 그는 영적인 직관주의를 주장했지만, 우리가 그에 관해서 언급할 때 떠올리는 인상은, 개인 구원의 신비주의나 초월적 존재가 한순간에 엄습해오면서 경험되는 신비주의가 아니라, 그 자체가 이미 영성을 통해서 접근해 들어가는 만남이 아닌가 생각됩니다.

그가 철학과 신학의 관계에 대해서도 신비주의적으로 접근하며 파악하려 했던 점, 그리고 그 나름대로 성속일치의 종교학을 지향했던 점으로 그의 종교사상의 일면을 마무리 지을 수 있을 것 같습니다. 성속의 반대일치(*coincidentia oppositorum*)의 관계론에서만 비교한다면 파니카는 엘리아데(Mircea Eliade, 1907-1986)와 상통한다고 할 수 있습니다. 성속의 반대일치가 엘리아데에게서는 종교현상학적 방법론으로 차용되었고, 파니카에게서는 신인론으로 개념화되었을 뿐입니다.

3:15 파니카의 신조어 중에 "tempiternity"라는 용어가 그의 신비주의에 어떻게 작용했다고 생각하십니까?

한교수 간단히 대답할 수 없는 질문이군요. "tempiternity"라는 용어는 일시성(temporality)과 영원성(eternity)이라는 두 낱말의 융합으로 이루어진 합성어입니다. 이 용어는 시간의 한 형식과는 물론 영원의 한 형식과도 무관한 제삼의 개념입니다. 파니카는 이 용어를 존재의 존재론적 양태, 존재의 지속성에 대한 총체적인 양태, 존재론적 활동 등등 존재와 관련된 개념으로 규정합니다. 'tempiternity⊃(temporality · eternity)'라는 개념에는 '시간적 영원'이나 '시원성(時遠性)'이라는 의미가 함축되어 있기 때문에 누구나 이 낱말을 처음 접하며 생경스러움을 느꼈을 것입니다.[28] 엄밀히 말해서 'tempiternity'는 개념으로는 실재하지만 인간은 결코 경험할 수 없는 양태입니다. 말하자면 'tempiternity' 자체는 신비이며, 신비주의의 형식으로 이해될 수 있는 개념일 뿐입니다. 파니카는 이 용어를 틸리히의 카이로스(*kairos*) 개념에서 차용해 의미화했습니다.

[3:16] 파니카의 신비주의를 어떻게 정리할 수 있을까요?

한교수 나는 파니카의 신비주의를 두 가지로 정리해보았습니다.

첫째, 그에 따르면 신비주의는 궁극적 실재를 경험한 것에 대한 진술이므로, 이러한 논리로 그는 그리스도에 대한 경험도 신비주의로 간주합니다.[29] 이것은 '신비적 합일(*unio mystica*)'의 신비주의와 유사합니다.

둘째, 그는 "인간을 이상화하고 인간의 조건을 망각하는 위험까

---

28) Cf. R. Panikkar, *Worship and Secular Man*, pp. 42-45.

29) R. Panikkar, *Christophany*, Part 2: The Mysticism of Jesus the Christ.

지도 견뎌낼 수 있는", 그 상태를 신비주의라고 정의합니다.[30] 이 경
우 신비주의는 내면적 직관이나 초월적 명상의 경지를 느끼는 것과
같은 의미라고 할 수 있습니다.

---

30) *Ibid.*, p. 32.

Raimon Panikkar

4

파니카의 삼위일체론

인간은 삼위일체에 속한 불가사의한 존재입니다.

신이 인간이고, 인간이 신이기 때문입니다.

또 인간은 물질이고, 인간이란 물질은 지적이기 때문입니다.

신과 인간과 물질은 구분되어야 하지만, 그 셋을 분리해서 생각해서는 안 됩니다.

그것이 현실 세계를 분해하는 경향을 이겨 내고 우리가 이루어야 할 마지막 단계입니다.

삼위일체는 종교적 속성이 아니라 인간의 근본적인 속성입니다.

| R. 파니카 |

삼위일체

4:1 ▸ 파니카는 기독교와 힌두교를 섭렵·융합한 종교학자입니다. 이러한 조건이 삼위일체론에 대한 그의 이해에 관심을 갖게 하는 것 같습니다. 삼위일체론은 기독교의 정체성을 가장 극명하게 드러내고 있는 핵심 사상입니다. 파니카는 삼위일체론을 구체적으로 어떻게 이해했나요?

한교수 ▸ 대답은 매우 간단합니다. 초기의 파니카는 그리스도를 삼위일체의 완전한 존재로 이해했습니다. 이것은 그리스도가 삼위일체 교리의 기초이며 그리스도를 배제한 삼위일체는 생각할 수 없다는 것입니다. 그러나 후기에 접어들면서 그리스도는 모든 종교에서도 현현되었고 현재하기 때문에 역사적 예수만을 그리스도로 제한해서는 안 된다고 주장하기 시작했습니다. 만일 그가 모든 종교들은 신의 신성에 대한 경험과 관계되어 있고, 이 경험의 차이 때문에 종교마다 저들의 고유한 정체성을 가질 수 있게 되었다고 주장했다면 크게 문제되지 않았을 것입니다. 하지만 문제는 그가 종교적 경험의 질적 차이를 부정하며 모든 종교들은 동일하다고 해석한 점입니다. 힌두교도들과 불교도들이 숭배하는 신들도 삼위일체 신인가? 이 질문에 대한 대답이 삼위일체 이해의 관건일 것입니다.

4:2 ┝ 기독교의 경우 삼위일체 자체가 기독교의 표준인데 이에 대해 파니카는 어떻게 설명하고 있습니까?

한교수 ─ 파니카의 발상은 특이합니다. 그는 모든 실재를 삼위일체적 구조로 인식하기도 했습니다.[1] 기독교는 성부-성자-성령의 삼위상호내재성과 관련하여 삼위일체를 설명합니다. 하지만 파니카는 다른 종교들의 전통들에도 삼위일체의 신비는 존재한다고 주장하며 삼위일체의 관계구조나 존재양태를 보편화하려 했습니다. 그의 목적은 삼위일체를 확대·심화하려는 것입니다. 요컨대 다른 종교적 전통들에서는 삼위일체 신이 다르게 표현되었지만 본질적으로는 "동일한 신비"를 함유하고 있다는 것이 그의 주장의 핵심입니다.[2] 한마디로 삼위일체는 신성에 대한 보편적인 경험에 근거한다는 말입니다.

4:3 ┝ 파니카는 삼위일체를 인간의 삶 자체에까지 적용하는 것 같습니다. 이점에 대해서 어떻게 생각하십니까?

---

1) R. Panikkar, *The Trinity and the Religious Experience of Man*, pp. 41-69. Cf. Gerard Vincent Hall, *Raimon Panikkar's Hermeneutics of Religious Pluralism*, pp. 67-75.

2) R. Panikkar, *The Trinity and the Religious Experience of Man*, p. 42.

한교수 이것은 잠시 스쳐가는 생각입니다만, 파니카는 자기만의 개념을 독창적으로 만들어낼 수도 있었을 텐데 굳이 기독교의 삼위일체 개념을 차용할 필요가 있었는지? 오히려 처음부터 삼위일체라는 개념보다는 자신만의 사상을 함축할 수 있는 독창적인 개념을 사용했더라면 더 좋지 않았겠는가라는 생각을 해보았습니다.

그는 하버드 대학교 국제문제연구소 과학 분과 위원인 콘스탄틴 폰 바를뢰벤(Constantin von Barloewen)과의 대담에서 삼위일체에 관한 자신의 주장을 매우 명료하게 밝혔습니다.

> 인간은 삼위일체에 속한 불가사의한 존재입니다. 신이 인간이고, 인간이 신이기 때문입니다. 또 인간은 물질이고, 인간이란 물질은 지적이기 때문입니다. 신과 인간과 물질은 구분되어야 하지만, 그 셋을 분리해서 생각해서는 안 됩니다. 그것이 현실 세계를 분해하는 경향을 이겨 내고 우리가 이루어야 할 마지막 단계입니다. 삼위일체는 종교적 속성이 아니라 인간의 근본적인 속성입니다.[3]

4:4 삼위일체란 본래 기독교의 용어로서 성부-성자-성령의 삼위가 하나 됨을 의미하기 때문에 인격적 관계가 중요합니다. 파니카도 이점을 고려하며 삼위일체라는 용어를 사용한 것이 아닐까요?

한교수 그의 글들을 단편적으로 읽는다거나 '파니카＝가톨릭 신부'라는 전제하에 읽는다면 그렇게 이해할 수도 있겠지요. 결론부

---

3) Constantin von Barloewen, 강주헌 옮김, 『휴머니스트를 위하여: 경계를 넘어선 세계 지성 27인과의 대화』(서울: 사계절출판사, 2010), p. 24.

터 말하면 파니카의 삼위일체 이해는 기독교적이 아닙니다. 기독교
의 삼위일체란 개념에서는 위격(person)과 본성(nature)이라는 용어가
중요한 요소들인데, 파니카의 삼위일체란 개념에서는 차원(dimension)
과 관계(relation)라는 용어가 중요합니다. 그에 따르면 우주-신-인간
이라는 실재의 세 차원들은 서로 하나로 존재하고 있는데, 그는 이
사상을 우주신인론이라고 했습니다. 그러나 엄밀히 말해서 우주신
인론은 "우주-신-인간의 실재"를 관계성에서 설명한 것으로서 삼
중구조와 같은 것입니다. 그는 기독교의 삼위일체론을 모방하여 우
주신인론을 구조했을 뿐입니다. 한마디로 그의 우주신인론은 삼위
일체론과 본질적으로 다릅니다. 그러므로 우주신인론을 삼위일체
의 삼위상호내재성으로 보는 것은 논리의 비약입니다. 우주신인론
은 동양의 천지인(天地人) 사상과 유사합니다.[4]

> [4:5] 파니카는 삼위일체 신을 구체적으로 어떻게 이해하고 있나요?

한교수 파니카의 초기 사상에서는 그리스도가 나사렛 예수입니다.
그러나 후기에 접어들면서 그는 그리스도는 예수 이전에 이미 힌두
교도들과 불교도들에게서도 계시되었다고 주장했습니다. 기독교인
은 성부와 성자 이외에도 성령을 삼위일체 신의 위격으로 믿는데,
이 성령을 파니카는 인간의 인격 내에서도 순수 자아처럼 존재하는

---

4) R. Panikkar, *Einführung in die Weisheit*, pp. 120-21. 파니카는 중국의 경서에도 우주신인
    론적 직관에 관한 내용이 있다고 진술한 바 있다. 천지인 사상을 우주신인론으로 이해
    한 것이다.

아트만(atman)이나 푸루샤와 동일한 실재로 인식합니다.

[4:6] 파니카는 무엇이 삼위일체를 범주화할 수 있다고 생각하고 있나요? 그리고 그의 삼위일체 경험의 문제는 무엇이라고 보시는지요?

한교수 파니카는 삼위일체 경험이 삼위일체를 범주화할 수 있다고 생각합니다. 삼위일체 경험은 예수 그리스도와 관계되어 있기 때문에 신앙의 문제라는 것이 그의 초기 입장이었으나 후기에는 그 스스로 삼위일체 신학을 변질시켜나갔습니다. 그는 힌두교와 불교까지도 삼위일체 신을 믿는 종교로 동질화하려 했습니다. 기독교의 삼위일체론은 성육신한 그리스도의 실체를 사도들의 신앙고백, 초대 교부들의 신학 정립작업, 여러 차례의 공의회와 중세 신학자들의 신학 논쟁을 거쳐 정통교리로 결의된 후 전승되어온 이론입니다.

[4:7] 파니카는 그리스도가 각 종교들에도 존재하는 보편적 신성이라고 주장하는데, 이런 주장은 기독교적인가요?

한교수 정통 기독교는 그리스도를 "말씀이 육신이 되어 우리 가운데 거하시는"(요 1:14) 존재, 하나님이 성육신한 참신이며 참인간인 로고스라고 믿습니다. 그리스도가 삼위일체 신론의 기초가 되는 이유가 여기에 있습니다. 그러므로 그리스도가 배제된 삼위일체론은 상상도 할 수 없습니다. 그러나 파니카는 바로 이 그리스도가 기독교에서뿐 아니라 타 종교들에서도 존재했고, 지금도 현존하고 있기 때문에 기독교만 그리스도를 독점하고 있는 종교가 아니라고 단언합니다. 그의 논리에 따르면 힌두교는 물론 불교도 그리스도를 믿는 종교입니다. 문제는 요한복음의 로고스가 어떻게 "육신이 되어" 힌두교와 불교 가운데 거하게 되었는지, 힌두교와 불교의 초월적 존재를 왜 기독교의 로고스와 동일시하려 했는지 파니카 자신이 전혀 규명하지 못했다는 점입니다.

4:8 그렇다면 그가 종교 간의 대화를 강조했던 것도 궁극적으로는 종교다원주의를 관철하기 위한 수단이었던 셈이네요.

한교수 그런 점이 없지 않습니다. 나는 종교 간의 대화 자체가 문제된다고 보지는 않습니다. 다만 종교 간의 대화라는 미명으로 종교의 정체성마저 해체하려는 저의가 문제된다고 봅니다. 나는 종교 간의 대화에서 종교의 정체성에 관한 논의만은 배제되어야 한다고 생각합니다. 종교의 정체성은 신앙의 문제와 직결되어 있기 때문입니다. 세계적인 종교들은 예외 없이 신앙절대주의를 강조합니다. 이에 반하여 파니카는 종교다원주의를 합리화하기 위한 수단으로 종교 간의 대화를 이용합니다. 한마디로 그는 종교다원주의를 역설하기 위해 보편적인 기독론을 주장했으며, 결과적으로 기독교를 비기독교화했습니다. 이것이 그가 종교 간의 대화를 통해 목적했던 기독교의 일반종교화입니다.

인간은 서로 다양한 문화와 문명의 진화과정에서 각자의 의식을 형성해왔고, 삶을 영위해왔습니다. 그러므로 문화적 배경에 따라 초월적 존재, 신, 궁극적 실재 등에 관한 인식도 다를 수밖에 없습니다.

Raimon Panikkar
5

파니카의 그리스도론

나는 기독교인으로 '출발했고', 나는 내 자신이 힌두교도임을 '발견했으며',
그리고 나는 기독교인이기를 그만둠이 없이 불교도로 '되돌아갔다'
(I 'left' as a christian, I 'found' myself a hindu,
and I 'return' as a buddhist, without having ceased to be a christian).
| R. 파니카 |

보편적인 그리스도

5:1 파니카에게 있어서 그리스도는 어떤 존재입니까?

한교수 그리스도는 원리, 존재, 로고스이며, 타 종교들에서는 다른 이름으로 호칭되는 존재라는 것이 파니카의 입장입니다.[1] 그는 신성이 현현된 상징으로서의 그리스도, 역사적 상징으로서의 그리스도, 기독교 정체성의 중심으로서의 그리스도, 우주신인론적 원리로서의 그리스도, 구세주로 상징되는 보편적인 실재로서의 그리스도 등등 다양한 개념으로 그리스도를 이해하고 있습니다. 간단히 말해서 그리스도는 모든 종교적 실재의 상징으로 현재한다는 말입니다.[2] 그리스도는 실재 자체이며, 역사적 예수보다 더 보편적이고 큰 의미를 가진 존재여야 하기 때문이라는 것이 그 이유입니다. 그는 기독교 신학이 예수만 그리스도라고 주장하게 된 것은 "바울이 구약 성서의 관례를 따라 창조되지 않은 지혜라고 부른 것, 요한이 필

---

1) R. Panikkar, *The Trinity and the Religious Experience of Man*, pp. 53-55.
2) R. Panikkar, *Christophany*, pp. 144-48.

로를 따라 로고스라고 부른 것, 마태와 누가가 유대교를 따라 성령과 밀접한 관계에 있다고 생각한 것, 그리고 후기 전통이 아들이라 부르기로 합의했던 것"에서 유래한 것이라고 역설합니다.[3] 이것이 그의 그리스도관입니다.[4]

파니카에 따르면 예수는 그리스도이지만, 나사렛 예수만 그리스도인 것은 아닙니다.[5] 그는 종교마다 고유한 사회·종교적 구조를 갖고 있기는 하지만, 기독교만을 구원의 종교로 볼 수는 없다고 주장합니다. 기독교는 예수 그리스도만이 하나님에게로 가는 유일한 길이라고 주장하지만(요 14:6), 다른 종교적 전통들에서도 이 길을 찾을 수 있다는 것이 파니카의 구원론입니다. 기독교는 그리스도가 "유일한 중보자(the only mediator)"라고 믿습니다. 그러나 파니카는 그리스도가 기독교만의 "독점물"은 아니라고 주장합니다.[6] 그는 그리스도가 형상으로든지 이름으로든지 다른 종교들에도 존재했고, 지금도 현존하며 역사한다고 주장합니다. "그리스도는 기독교인들이 이 이름으로 부르는, 항상 초월적이지만 동시에 항상 인간적으로 내재적인 신비의 상징이다"라는 말로 그는 그리스도의 보편성을

---

3) R. Panikkar, *The Trinity and the Religious Experience of Man*, pp. 53-54.

4) Cf. R. Panikkar, *The Intrareligious Dialogue* (1999).

5) R. Panikkar, *Christophany*, p. 150; R. Panikkar, *The Trinity and the Religious Experience of Man*, p. 53; R. Panikkar, *The Unknown Christ of Hinduism: Towards an Ecumenical Christophany*, rev. and enl. ed. (Maryknoll, New York: Orbis Books, 1981), pp. 26-27. 이하 *The Unknown Christ of Hinduism* (1981)로 표기.

6) R. Panikkar, *The Intrareligious Dialogue* (1999), p. 71. Cf. R. Panikkar, *The Trinity and the Religious Experience of Man*, pp. 53-54.

역설했습니다.[7] 그의 주장은 다음의 두 문장으로 정리됩니다. "그리스도는 힌두교에도 이미 존재한다(Christ is already present in hinduism)."[8] "나는 그 진리(기독교)만 구원을 독점하고 있다는 배타적 주장을 하기 위해 기독교를 절대화하려는 데 응할 수 없다. 바꾸어 말하면 나는 역사적 기독교를 초역사적 진리와 동일시하지 않는다."[9]

이와 관련하여 그는 다음과 같이 말했습니다.

> 그리스도는 힌두교가 참된 종교인 한에서는 그곳 힌두교에도 이미 존재한다. 그리스도는 힌두교도들의 기도가 참된 기도인 한 그 기도에서도 역사한다. 어떤 형식의 예배로든지 신을 경배하는 곳이라면 그리스도가 그 배후에 있다. 기독교는 힌두교를 판단할 수 없다. 오직 그리스도 안에 계신 신만 판단할 수 있다. 인류가 지상에 나그네로 있는 동안 기독교는 가치 있는 것과 그렇지 않은 것을 가려내거나 가를 수 있는 권한을 행사할 수도 없고 갖고 있지도 않다.[10]

이런 맥락에서 그는 기독교의 그리스도와 힌두교의 그리스도는 "같은 그리스도(the same Christ)"라고 주장합니다.[11] 즉 그리스도는 기독교에서뿐만 아니라 타 종교들에서도 같은 그리스도로서 역사하며 보편적 존재로 상징화된다는 것입니다.

---

7) R. Panikkar, *The Intrareligious Dialogue* (1999), p. 71.

8) *Ibid.*, p. 86. Cf. R. Panikkar, *The Unknown Christ of Hinduism* (1964), pp. 17-19.

9) R. Panikkar, *The Intrareligious Dialogue* (1999), p. 87.

10) R. Panikkar, *The Unknown Christ of Hinduism* (1964), p. 17.

11) *Ibid.*

 그렇다면 파니카는 나사렛 예수만이 "유일한 그리스도(unique Christ)"라는 것을 부정한 셈인데….

한교수 그렇습니다. 파니카는 그리스도가 힌두교에서는 힌두교의 궁극적 실재로, 불교에서는 불교의 궁극적 실재로, 이슬람교에서는 이슬람교의 궁극적 실재로 존재했고, 지금도 현존하고 있다고 주장합니다. 그것이 바로 파니카가 역설하는 보편적인 그리스도입니다.

그는 "우주신인론적 그리스도(the *cosmotheandric Christ*)"[12], "보편적인 구세주로서의 '그리스도'(*Christ* as universal saviour)"[13], "알려지지 않은 그리스도(the unknown Christ)"[14], "같은 그리스도(the same Christ)"[15], "아트만"[16], "보편적인 구세주(the universal redeemer)"[17], "실재 그 자체의 상징(the symbol of reality itself)"[18] 등등 다양한 용어들로 보편적인 그리스도를 표현했습니다. 한마디로 보편적인 그리스도만 존재한다는 말입니다. 이런 관점에서 보면 "유일한 그리스도(unique Christ)"는 부정될 수밖에 없습니다. 그래서 그는 유일하고(unique), 궁극적이고(ultimate), 최종적인(final) 그리스도는 존재하지 않는다고 단언한 것입니다.

---

12) R. Panikkar, *Christophany*, p. 147.

13) R. Panikkar, *The Unknown Christ of Hinduism* (1981), p. 57.

14) R. Panikkar, *The Unknown Christ of Hinduism* (1964).

15) *Ibid.*, p. 17.

16) R. Panikkar, *Christophany*, p. 138.

17) R. Panikkar, *The Unknown Christ of Hinduism* (1964), p. 33.

18) R. Panikkar, *Christophany*, p. 147.

파니카는 그리스도를 존재하는 하나의 원리로 보기도 합니다. 그런데 바로 이 원리가 보편적인 그리스도라는 것입니다. 그는 이 그리스도야말로 우리가 진정으로 고백할 수 있는 그리스도이며, 참된 종교들에서도 발견할 수 있는 그리스도라고 역설합니다. 그는 그리스도를 "우주적 사제직을 수행하는 유일한 사제"라고 규정하기도 합니다.[19] 이것은 그리스도가 어느 특정 종교만을 위한 사제가 아니고, '보편적' 그리스도라는 것을 언급한 것입니다.

"기독교인은 그리스도를 예수 안에서 그리고 통해서 만난다."[20] 파니카는 이 한 문장으로 기독교의 기독론을 압축했습니다. 압축 문장을 풀어 해석해보면, 힌두교도는 그리스도를 크리슈나 '안에서 그리고 통해서' 만나고, 불교도는 그리스도를 불타 '안에서 그리고 통해서' 만나며, 무슬림은 그리스도를 마호메트 '안에서 그리고 통해서' 만난다는 것입니다. 이것은 그리스도가 모든 종교들에서 보편적인 그리스도, 즉 우주적 존재로 경험된다는 것을 의미합니다. 파니카가 그리스도 경험은 "인간적이고 우주적인 코이노니아에서 (in human and cosmic *koinonia*)" 가능하다고 말한 것은 그 스스로 보편적인 그리스도의 실체를 인정한 것입니다.[21]

대체적으로 기독교인은 그리스도를 구세주로, 전인적 실존을 통해 접할 수 있는 존재로 믿습니다. 이 문제가 신학자들과 종교학자들 간의 신앙에 관한 대화에서 가장 많이 충돌하는 쟁점입니다.

---

19) R. Panikkar, *The Trinity and the Religious Experience of Man*, p. 53.

20) R. Panikkar, *Christophany*, p. 151.

21) R. Panikkar, *The Trinity and the Religious Experience of Man*, p. 58.

파니카는 다음과 같이 말합니다.

기독교 전통은 틀림없이 예수로 인해 생겨났다. 예수가 존재하지 않았다면, 그러한 용어들로 오늘날 이런 문제들에 관해 언급하고 있지도 않았을 것이다. 그러나 예수와 그리스도를 혼동해서는 안 된다. 예수는 그리스도이고, 예수를 그리스도라고 고백하는 자는 분명히 기독교인이다. 기독교인이 만물과 온갖 생물들과 그밖의 모든 남녀들과 조화하며 깨달은 것은 그 자신이 그리스도에 속해 있고 그리스도로 말미암아 존재한다는 것이다. 기독교 성서가 선언한 것처럼, 그리스도는 독생자, 맏아들, 머리, 알파와 오메가, 태초부터 로고스, 만물이 그로 말미암아 창조되었고 만물을 지니고 있는 존재다. 그러나 이 그리스도는 예수와 동일하지 않다. 우리는 A가 B면, B는 A라는 과학적–논리적 이유로 이처럼 넋을 잃은 것이다.[22]

파니카는 예수와 그리스도를 분리합니다. 그러나 기독교인은 'J(Jesus)가 X(Christ)면, X는 반듯이 J여야 한다'고 믿습니다. 다시 말해 '(J=X) ⇄ (X=J)'는 결국 '(J=X)=(X=J)'일 수밖에 없다는 것입니다. 문제는 파니카가 역설하는 그리스도는 나사렛 예수로 성육신한 바로 그 그리스도가 아니고, "참으로 보편적인 기독론"에서 말하는 "보편적인 그리스도(the universal Christ)"라는 것입니다.[23] 어쨌든 신은

---

22) R. Panikkar, *The Experience of God*, p. 69; R. Panikkar, *Christophany*, p. 150; R. Panikkar, *Das Göttliche in Allem: Der Kern Spiritueller Erfahrung*, 3. Aufl. (Freiburg im Breisgau: Herder, 2000), pp. 76-78.

23) Paul F. Knitter, *No Other Name? A Critical Attitudes Toward the World Religions*, pp. 154-57.

다른 종교들에서도 그리스도로 존재한다는 것이 파니카의 입장입니다. 그는 이렇게 드러난 그리스도의 모습을 그리스도 현현이라고 했습니다.[24]

---

24) R. Panikkar, *Christophany*, pp. 9-20, 125, 149-52. 157-59, 173-75, 180-84. 파니카는 그리스도만 성육신한 하나님이 아니고, 크리슈나도 인간의 형상으로 현현된 신이라고 주장한다(*Ibid.*, p.146). R. Panikkar, *The Experience of God*, pp. 68-70.

2

역사숭배

 파니카의 주장에 따르면 그리스도를 믿지 않는 종교가 없다는 말인데….

 그렇습니다. 그리스도는 현존하는 존재이며, 능동적으로 활동하고 있는 존재이며, 미지의 존재이며, 숨겨진 존재로서 모든 종교에서 적극적으로 역사하고 있다는 것이 파니카의 그리스도 이해입니다.[25] 그가 주장하려는 것은 세계적인 종교들에는 "그 한 분의 그리스도(the one Christ)"에 관해 수많은 표현이 있다는 것입니다. 그래서 그는 그리스도를 모든 종교에 존재하는 분으로 규정합니다.[26]

파니카의 주장을 정리해보면 그리스도는 한 분이며, 바로 그 그

---

25) R. Panikkar, *The Unknown Christ of Hinduism* (1964), pp. 29-64, 121- 38; R. Panikkar, *The Trinity and the Religious Experience of Man*, pp. 53-55; R. Panikkar, *The Intrareligious Dialogue* (1999), pp. 68-71; R. Panikkar, *Christophany*, p. 24, 107, 146-47. Cf. Paul F. Knitter, *No Other Name? A Critical Attitudes Toward the World Religions*, pp. 154-57.

26) R. Panikkar, *The Unknown Christ of Hinduism* (1964), pp. 16-28; Camilia Gangasingh MacPherson, *A Critical Reading of the Development of Raimon Panikkar's Thought on the Trinity* , p. 122.

리스도가 기독교에서는 나사렛 예수로, 힌두교에서는 크리슈나로, 이슬람교에서는 마호메트로, 불교에서는 불타로 현현된 존재입니다. 이런 논리에 따르면 힌두교나 불교는 기독교 이전의 기독교라 할 수 있을 것입니다. 파니카는 바로 이 점을 주장하려 했습니다. 하지만 세계적인 종교들은 모두 그리스도를 믿는 종교들이므로 동일하다는 그의 주장이 진정으로 현실적인지 되묻지 않을 수 없습니다. 기독교는 그리스도의 강림 사건을 '성육신(incarnation)'이라고 하는데, 그는 이 사건을 "그리스도 현현"이라고 부릅니다.

5:4 ▸ 종교는 구원을 매우 중요하게 여깁니다. 구원의 문제는 창조론과 더불어 종교의 최대 관심사입니다. 파니카의 구원론을 어떻게 보십니까?

한교수 ▸ "나는 기독교인으로 '출발했고', 나는 내 자신이 힌두교도임을 '발견했으며', 그리고 나는 기독교인이기를 그만둠이 없이 불교도로 '되돌아갔다'(I 'left' as a christian, I 'found' myself a hindu, and I 'return' as a buddhist, without having ceased to be a christian)."[27] 파니카의 이 선언은 구원론에서 볼 때, 기독교적인 소테리아(*soteria*)와 힌두교 전통의 모크샤(*moksa*)를 융합시켜 놓은 개념이라는 것, 그리고 더 나아가서 불교적인 열반(*nirvana*)을 지향하고 있다는 점에서, 결국 기독교와 힌두교와 불교 셋을 구원론에서 하나로 모아 놓은 것이라고 말할 수 있겠습니다. 소테리아는 오직 예수 그리스도의 은총으로만 실현되는 구속의 행위로서 믿음으로 의롭게 되는 과정을 통해 경험되는 것이고,

---

27) R. Panikkar, *The Intrareligious Dialogue* (1999), p. 42.

모크샤는 '해방', '자유'라는 의미로서 인간이 무지로부터 해방되는 상태, 윤회의 속박으로부터 벗어나 구원의 상태에 이루는 것을 의미합니다. 불교의 구원관과 연계되는 열반은 힌두교와도 연계되어 있습니다. 파니카는 열반이라는 개념을 사용하는 집단에 따라 크게 네 가지 부류로 유형화하여 설명하고 있습니다. 고뇌하거나 고뇌로 두려워하며 그래서 열반에 대해 생각하는 사람들, 열반을 분별하려는 철학자들, 자신들과 관련하여 열반을 생각하는 신자들, 그리고 마지막으로는 불타의 열반이 그것입니다.[28] 열반은 온갖 번뇌를 초극한 정신적 평안의 상태로서 불생불멸의 경지에 이름을 뜻합니다.

정통 기독교는 예수를 믿음으로 구원에 이룬다는 성서의 기록(행 16:31; 롬 10:9-10)에 근거하여 구원의 수단은 예수 그리스도뿐이라고 가르치고 있으나, 파니카는 구원의 수단이 타 종교들에서도 발견된다고 주장합니다. 바로 이것이 그가 역설하는 구원의 보편주의입니다. 그가 기독교를 향해 던진 충고는 기독교도 다양한 종교들 가운데 한 종교에 불과하므로 구원의 절대주의를 포기하고 구원의 다원주의를 수용하라는 겁니다.

5:5 ▷ 파니카는 구원을 마음의 평화로 생각하고 있는 것 같습니다. 이런 뜻으로 이해해도 될까요?

한교수 ▶ 그런 측면에서 이해할 수 있습니다. 이 문제와 관련하여 앞에서 잠깐 언급한 바 있습니다만, 파니카가 진술하는 구원의 본질

---

28) R. Panikkar, *The Silence of God: The Answer of the Buddha*, p. 45. Cf. *Ibid.*, pp. 37-52.

은 마음의 평화, 정화, 열반 등과도 매우 유사합니다. 그에 따르면 구원이란 완전한 해방의식과 자유의식을 가진 생명의 완전 충만한 상태라고 볼 수 있습니다.

거시적으로 보면 인간이 생각하는 구원은 평안함과 완전히 나를 비운 열반 상태에서의 어떤 나, 또는 의식을 초월한 상태의 나, 무아지경의 나, 그런 상태의 내면적 해방과 사회구조로부터의 해방이라는 이 두 측면이 같이 어우러져 있는 상태를 가리킨다고 할 수 있습니다. 개인구원을 강조하는 보수주의 교단에서는 해방에 대한 신학적 문제를 주로 죄로부터의 해방과 관련하여 역설합니다. 그 반면에 사회구조적 입장에서 신학을 하는 집단에서는 — 남미의 해방신학이나 한국의 민중신학에서도 그랬듯이 — 사회의 정의로운 현상을 강조하며, 사회구조적 해방을 주장합니다. 그러다 보니 구원의 입장이 서로 대립하고 있는데, 사실 이 두 가지는 같이 들어 있습니다. 개인의 내면적 해방과 사회구조적 해방을 분리·대립시키며 구원에 관해 말할 수는 없습니다. 기독교는 개인구원과 사회구원을 성령의 역사로 실현되는 동시성으로 믿습니다. 이에 반하여 파니카는 구원을 개인의 마음상태로 인식하고 있습니다. 정리하면 기독교의 구원론은 예수 그리스도와 관계되어 있고, 파니카의 구원론은 인간의 실존적 상태와 관계되어 있습니다.

5:6 ▶ 파니카의 주장은 어느 종교든지 '그리스도의 종교(religion of Christ)'라는 것, 즉 구원의 종교라는 것을 의미하는 것인가요?

 그렇습니다. 그러나 기독교는 어떠한 경우에도 역사적 예수와 신앙의 그리스도를 분리한 파니카의 기독론을 인정하지 않습니다.

파니카는 성육신된 그리스도를 성현(hierophany)된 것과 동일한 실재로 인식합니다. 심장이식 수술을 집도한 전문의, 체육시간에 달리기를 하다 다친 학생에게 연고를 바르고 반창고를 붙여준 양호교사, 인공호흡 등 응급조치를 취하여 익사자를 소생시킨 해수욕장 안전요원 등이 인간의 생명과 관련된 일을 했다고 이들을 의사로 규정한다면 모순입니다. 기능이 유사하다고 본질이 동일한 것은 아닙니다. 위의 예에서 보았듯이 전문의와 양호교사와 안전요원은 사람들의 생명에 관련된 행위를 한다는 점에서는 유사성을 가지고 있지만, 전문의만 유일한 의사인 것입니다. 직업상의 역할이나 기능에서는 물론 인격상의 본질이나 실체에서도 이 세 사람의 공통성을 찾을 수 없습니다.

기독교인이 그리스도라고 믿는 나사렛 예수와 타 종교인들이 구세주라고 믿는 어떤 존재는 전혀 동일한 것이 아닙니다. 그러므로 파니카가 계속하여 그리스도 현현을 주장한다면, 기독교 이단들은 자신들이 이 세대에 현현된 그리스도라고 외치며 세상을 어지럽히고 사람들을 속이는 일로 날뛸 것입니다. 정통 기독교의 기독론대신 파니카가 주장하는 그리스도 현현을 기독론으로 수용한다면, 기독교는 더 이상 존재할 필요가 없습니다. 그리스도를 대체한 기능들이 우리 주변에 무수히 널려 있기 때문입니다. 결과적으로 파니카는 기독교를 일반 종교들 가운데 하나로 평준화시키려 했고, 힌두교를 비롯한 여타의 종교들을 창조신학과 구속신학에 정초한 기독교 수준으로 신학화하며 절대화시키려 했습니다.

5:7 기독교에 대한 파니카의 이해가 기독교적이라고 보십니까?

한교수 이 질문은 모순적인 사실을 어떻게 이해하느냐 라는 문제와 맞물려 있는 것 같습니다. 파니카는 가톨릭 신부입니다. 그러나 그의 기독교 이해는 비기독교적입니다. 엄밀히 말해서 그는 기독교의 본질 자체를 부정합니다. 그의 저서들과 논문들의 대다수는 자신의 주장들을 정당화하기 위한 진술들로 채워져 있습니다. 그는 기독교가 그동안 그리스도라는 칭호를 독점하여 나사렛 예수에게만 붙여주며 역사를 구속사로 숭배해왔는데, 이제는 기독교가 역사 숭배(historiolatry)에서 벗어나 진정으로 보편적인 그리스도의 실체를 인정해야 한다고 주장합니다. 이것이 그가 강조하는 참으로 보편적인 기독론입니다. 어쨌든 그는 그리스도의 역사성을 나사렛 예수에게만 제한하는 것은 역사적 사실들이나 사건들을 우상화하는 것이라고 비판합니다.

5:8 구속사에 대한 파니카의 이해를 어떻게 생각하십니까?

한교수 기독교는 하나님의 사랑을 믿는 종교입니다. 하나님의 사랑은 인류를 위한 구속의 사건으로 구현되었습니다. 기독교인은 이 사건의 역사를 절대화된 역사로 믿습니다. 이것이 구속사

(Heilsgeschichte)입니다. 그 반면에 파니카는 역사란 절대화될 수 없다고 주장하며 역사를 절대화하여 신앙하는 것은 역사숭배라고 비판합니다.[29] 기독교는 구속사를 역사의 전환점이라고 믿지만, 파니카는 이 전환점 자체를 부정합니다. 구속사는 성육신 사건을 유일회적이고 유일의적인 역사적 사실로 절대화한 역사입니다. 하지만 세속사는 사건에 대한 해석을 통해 사건 자체가 의미화되고, 이 과정을 거쳐 인식된 역사입니다. 이런 관점에서 정리해본다면 구속사는 역사절대주의와 관계되어 있고, 세속사는 역사상대주의와 관계되어 있다고 봅니다.

---

29) R. Panikkar, *Christophany*, p. 170.

3

상징으로서의 그리스도

5:9 기독론과 관계해서 파니카는 칼케돈 공의회(the Council of Chalcedon)의 고백을 따르고 있습니까?

한교수 아니요. 칼케돈 공의회(451)는 기독론에 관한 여러 주장들을 정리하기 위하여 소집되었지만 사실상 니케아(Nicaea) 공의회(325)와 에베소(Ephesus) 공의회(431)에서 결의된 기독론을 재확인한 후 교리로 정립하는 데 큰 성과를 걷었습니다. 이 공의회에서 예수 그리스도는 신인 양성이며, 그 안에서 이 둘은 서로 "혼동되지도 않고(*inconfuse*)", 하나가 다른 하나로 "변하지도 않으며(*immutabiliter*)", "분할되지도 않고(*indivise*)", "분리되지도 않는(*inseparabiliter*)" 존재라고 결의되었습니다.

그러나 파니카는 나사렛 예수와 그리스도를 '나눴고, 분리했으며', 더욱이 동정녀 탄생을 인정하지 않습니다. 그는 그리스도를 신적인 것과 우주적인 것, 영원한 것과 시간적인 것 사이의 중재자로

간주합니다.[30]

기독교는 나사렛 예수만을 하나님이 성육신한 그리스도라고 믿습니다. 그렇기 때문에 예수의 동정녀 탄생이 매우 중요합니다. 그는 "그리스도는 주님이지만, 주님이 예수만인 것은 아니다"라고 단언하며[31] "그리스도는 유일한 중보자이다. 그러나 그는 기독교인들의 전유물이 아니다. 실제로 그는 어떤 모습이나 이름으로든지 모든 참된 종교에 존재하며 영향을 미치고 있다"고 역설합니다.[32] 한마디로 말해서 파니카는 나사렛 예수만 그리스도라는 기독교 신앙을 부정합니다.[33]

5:10 ⟩ 파니카가 주장한대로 "참된 모든 종교"에 그리스도가 다양한 모습으로 존재한다면, 그런 모습의 존재는 그리스도의 상징으로 이해될 수밖에 없을 텐데, 이 점을 어떻게 생각하십니까?

한교수 종교에서 상징은 매우 중요한 기능을 갖고 있습니다. 엄밀히 보면 예배와 예식 자체도 상징입니다. 문제는 신앙의 대상마저도 상징으로 이해하는 데 있습니다. 파니카에 따르면 예수는 "그리스도의 상징"입니다.[34] 그는 참인간으로서의 예수와 참신으로서

---

30) R. Panikkar, *The Trinity and the Religious Experience of Man*, p. 54. Cf. R. Panikkar, *The Unknown Christ of Hinduism* (1964), pp. 119-31.

31) R. Panikkar, *The Intrareligious Dialogue* (1999), p. 70.

32) *Ibid.*, p. 71.

33) R. Panikkar, *Christophany*, pp. 144-60 passim.

34) *Ibid.*, p. 151. Cf. R. Panikkar, *The Intrareligious Dialogue* (1999), p. 70.

의 그리스도, 즉 역사적 예수와 초역사적 그리스도를 분리했습니다. 그의 입장은 다음의 한 문장으로 요약됩니다. "예수는 역사적인데, 그 역사는 풀이될 수 없다. 그리스도는 초역사적인데, 우리는 그 실재를 순수 역사적 지평으로 환원할 수 없다(Jesus ist historisch, und die Geschichte kann nicht aufgelöst werden. Christus ist transhistorisch, und wir können die Wirklichkeit nicht auf eine rein historische Ebene reduzieren)."[35]

『삼위일체와 인간의 종교적 경험』(1973)에서 파니카는 종교마다 원리, 존재, 로고스, 또는 그리스도 등 다양한 이름으로 불릴 수 있는 용어 대신에 "주님(Lord)"이라는 낱말을 사용하길 제안하면서, 그럴 경우 기독교도 그리스도를 독점하고 있다는 생각을 안 하게 될 것이라는 발상을 했습니다.[36] 그러나 파니카는 "주님"이라는 이 개념을 기독교에서 가리키는 "하나님"이란 의미로 이해한 것이 아니고, 모든 종교에서 부르는 "신"의 의미로 일반화했습니다. 그러므로 그가 제안한 "주님"이란 개념은 기독교의 삼위일체 신 개념이 아니고, "우주적 그리스도(the cosmic Christ)", "신인론적 실재" 등과 같은 개념입니다.[37]

후기에 접어들면서 파니카의 기독론은 상징주의와 연결됩니다. 그는 그리스도를 모든 종교들에서 구원의 상징으로 표현되어 있는

---

35) R. Panikkar, *Das Göttliche in Allem*, p. 78.

36) R. Panikkar, *The Trinity and the Religious Experience of Man*, p. 53.

37) R. Panikkar, *Christophany*, pp. 147, 170; R. Panikkar, *The Trinity and the Religious Experience of Man*, pp. 71-82; Raimundo Panikkar, *The Silence of God: The Answer of the Buddha* (Maryknoll, New York: Orbis Books, 1989), p. 169. 이 책의 원본은 1970년 『신의 침묵(El Silencio del Dios)』이란 제목으로 스페인어로 출판되었으며, 이탈리아어로도 번역되었다. 영어 번역본은 이탈리아어 번역본을 참고로 했다.

실재라고 주장합니다. 그리스도는 항상 초월적이며 동시에 항상 인간적으로 내재적인 신비의 상징이라는 것이 그의 그리스도에 대한 보편적 이해입니다.[38] 한마디로 신비의 상징으로서의 그리스도는 모든 종교들에서 숭배되는 존재라는 겁니다. 그는 이 상징을 "우주 신인론적 상징"이라고 부르기도 합니다.[39]

[5:11] 파니카는 그리스도의 본질을 궁극적 실재의 보편성으로 규정하고 있는데….

한교수 그렇습니다. 그는 나사렛 예수만을 성육신한 그리스도(요 1:14)라고 믿는 기독론을 기회 있을 때마다 비판하며, 그리스도는 궁극적 실재의 보편성일 뿐이라고 역설합니다. 요컨대 그리스도는 신이지만, 예수만 성육신한 신은 아니라는 겁니다.[40] 그가 종교 간의 대화를 강조하는 것도 이런 관점 때문입니다.[41] 모든 종교들이 동일한 신(그리스도)을 믿는데 서로 상대편을 향해 배타적일 필요가 없다는 것입니다. 그는 이 그리스도를 "우주신인론적 그리스도(the cosmotheandric Christ)"라고 부르기도 합니다.[42]

---

38) R. Panikkar, *The Intrareligious Dialogue* (1999), p. 71.

39) R. Panikkar, *Christophany*, pp. 147. Cf. R. Panikkar, *The Trinity and the Religious Experience of Man*, pp. 71-76; Raimon Panikkar, *Gott, Mensch und Welt*, pp. 69-101.

40) R. Panikkar, *Christophany*, pp. 144 60 passim.

41) R. Panikkar, *Gott, Mensch und Welt*, pp. 210-11.

42) R. Panikkar, *Christophany*, p. 147.

5:12 ⊢ 그렇다면 파니카는 그리스도란 상징을 어떻게 이해하며 진술하고 있나요?

한교수⊢ 파니카는 그리스도 자체를 부정하지는 않습니다. 문제는 그리스도가 기독교에만 존재하는 유일무이한 존재가 아니고 존재 양태만 다를 뿐 다른 종교들에도 존재했고, 지금도 현존하고 있다는 점입니다. 이 그리스도를 파니카는 그리스도의 본성이란 개념 대신 그리스도란 상징으로 표현했고, 이 상징을 역사적 상징으로 규정했습니다.

그래서 그는 상징으로서의 그리스도를 로고스라는 보편적 용어로 상징화하여 동일시했고, 이 상징 로고스를 모든 종교들에서도 현현되었고 현재하는 실재라고 역설했습니다. 결국 그는 구원의 보편성을 주장하기 위하여 기독교의 그리스도를 보편적 로고스로 대치했습니다. 기독교는 이 로고스를 요한복음의 로고스와 동일하다고 인정하지 않습니다.

5:13 ⊢ 파니카는 그리스도를 아드바이타와 관련하여 진술하려 하는데, 타당하다고 보십니까?

한교수⊢ 그리스도는 참신이며 참인간일 뿐 아니라, 신성과 인성을 아우르고 있는 존재입니다. 한마디로 그리스도는 하나님이며 동시에 인간입니다. 힌두교는 브라만(Brahman)과 아트만(atman)의 불이일원을 주장하는데, 그리스도의 신성과 인성을 불이일원의 구조로 볼

수는 없습니다.[43] 어쨌든 그리스도와 아드바이타를 관련시켜서는
안 됩니다.

---

43) Cf. R. Panikkar, *Myth, Faith and Hermeneutics*, pp. 278-89. Advaita는 불이론(a-dvaita=
nonduality)의 근본 원리로서, Advaita Vedānta와는 구별된다. Advaita Vedānta는 주로
우파니샤드(the Upanishads)와 브라만 경전(the Brahma Sūtra)에 대한 Śankarācārya의
해석에 근거하고 있으며, 오늘날 영성에 관련하고 있는 힌두 철학의 하나이다.

4

신중심주의

 파니카가 그리스도를 어떻게 이해했느냐에 따라 그의 사상이 어떻게 달라졌는지 알 수 있을 것 같습니다. 어떻게 생각하십니까?

한교수 물론입니다. 파니카의 거대 담론은 그리스도입니다. 그러므로 그가 그리스도를 어떻게 이해했는지 그 궤적을 추적해보면 그의 사상의 변화를 감지할 수 있을 것입니다. 『힌두교의 알려지지 않은 그리스도』(1964)란 책을 제목만 읽으면 기독교인들에게는 알려져 있으나 힌두교도들에는 알려져 있지 않은 그리스도에 관한 내용으로 된 책인 것 같지만, 사실은 힌두교에도 그리스도가 현존하는데 이 그리스도를 힌두교도들은 다른 이름으로 부르기 때문에 기독교인들은 이 그리스도를 알지 못하고 있다는 것입니다. 그리스도는 힌두교에서 생동적인 존재로 역사하며, 힌두교의 존재론적 목적일 뿐 아니라 영감을 일으키는 참된 존재이기도 하다는 것입니다.[44] 파

---

44) R. Panikkar, *Das Göttliche in Allem: Der Kern Spiritueller Erfahrung*, 3. Aufl. (Freiburg im Breisgau: Herder, 2000), p. 33.

니카는 이 책에서 그리스도의 신비에 대한 새로운 관점을 제시하려 했습니다.[45] 그는 기독교인들이 그리스도라고 호칭하는 실재가 힌두교도들에게서는 다른 이름으로 불리는 그 그리스도의 신비를 밝혀내려 했습니다.[46] 결국 그는 "그리스도는 보편적인 구세주다(Christ is the universal redeemer)"라고 선언하며 그의 사상을 정리했습니다.[47] 그는 힌두교가 "진리의 종교(the Religion of Truth)"라면, 기독교는 "종교의 진리(the Truth of Religion)"를 믿는 종교라는 말로 신앙 형식상의 차이를 말하기도 했습니다.[48] 어쨌거나 이때 그는 그리스도중심주의적 포괄주의를 주장했습니다. 17년 후 『힌두교의 알려지지 않은 그리스도』 수정 · 증보판(1981)을 내면서 그는 신중심주의적 다원주의에 경도되었습니다. 이때부터 그는 기독교의 절대계시와 그리스도의 규범성을 부정하기 시작했고, 기독교 절대주의를 비판하며 종교다원주의의 관점으로 기독교를 규정하기 위해 자신의 삶을 다 걸었습니다.

5:15 ▷ 그리스도에 대한 다양한 표현일 뿐 사고의 틀에는 변화가 없다고 주장한다면….

---

45) R. Panikkar, *The Unknown Christ of Hinduism* (1964), viii-ix. 이 책은 3장으로 구성되어 있으며, 마지막 두 장은 그의 신학박사 학위논문의 일부이다(*Ibid.*, xi).

46) Raimon Panikkar, *Das Göttliche in Allem: Der Kern Spiritueller Erfahrung*, p. 33.

47) R. Panikkar, *The Unknown Christ of Hinduism* (1964), p. 33. Cf. R. Panikkar, *Christophany*, pp. 165-66.

48) R. Panikkar, *The Unknown Christ of Hinduism* (1964), ix.

한교수 물론 사고의 틀은 그대로 유지했겠지요. 하지만 사고의 틀을 유지하며 포괄주의에서 다원주의로 사상적 전환을 한 것은 사실입니다. 이점은 부인할 수 없습니다. 젊은 학자로 학계에 데뷔했을 때와 하버드 대학교를 거쳐서 산타바버라 캘리포니아 대학교에서 비교종교학을 교수하며 세계적인 학자의 반열에 들어섰을 때의 시차가 그의 사상까지도 변화시켰다고 추정해봅니다. 그의 사상의 전환점을 보면 1950년대에는 교회중심주의적 절대주의로, 1960년대에는 그리스도중심주의적 포괄주의로, 1980년대 이후부터는 신중심주의적 다원주의로 특징화되어 있습니다.[49]

5:16 ▷ 파니카의 종교학이 신중심주의로 지향해갔다는 말씀을 하셨는데, 이러한 해석이 객관적이라고 말할 수 있을까요?

한교수 ▶ 나는 해석이 객관적인지 아닌지를 따지는 것보다 파니카의 사상이 무엇을 지향하고 있느냐라는 것을 정확하게 파악하는 것이 더 중요하다고 생각합니다. 파니카는 종교다원주의를 주장하는 종교학자입니다. '신'이라는 정점에 도달하는 길은 달라도 도달하려는 정점은 동일하다는 것이 그가 줄기차게 주장하고 있는 종교사상의 요지입니다. 바로 이러한 이유 때문에 그의 종교학을 신중심주의로 규정하는 것입니다. 이에 대해 비판하는 이들도 있을 것입

---

49) 여기서 그리스도라는 것은 파니카가 나중에 우주신인론(cosmotheandrism)에서 말하는 그리스도나 그의 저서 『그리스도 현현(*Christophany*)』에서 규정했던 그리스도 개념과는 본질적으로 다르다. 1960년대까지만 해도 파니카는 그리스도를 기독교적 의미 맥락에서 진술했다.

니다. 그러나 그가 자신의 저서들과 논문들에서 강조하려 했던 주지(主旨)를 간파한 후에라면 이러한 비판 자체가 무의미함을 깨닫게 될 것입니다. 파니카는 교회중심주의(Cyprianus)도 부정하고 그리스도중심주의(K. Rahner)도 부정합니다. 그는 종교 간의 대화를 통해 공통점에 접근하려 했습니다. 나는 종교 간의 대화 자체를 부정적으로 생각하지 않습니다. 문제는 종교 간의 대화가 무엇을 목적으로 한 것이냐에 있다고 봅니다. 종교 간의 대화가 종교 간의 "상호수정(mutual fecundation)"에 이를 정도로 진행된다면 종교다원주의를 목적으로 한 대화라고 볼 수밖에 없습니다. 종교다원주의의 핵심은 종교마다 숭배하는 신의 이름은 달라도 숭배의 대상은 동일하다는 것인데, 이것이 신중심주의입니다.

기독교인은 기독교만을 참된 종교라고 믿고, 힌두교도는 힌두교만을 참된 종교라고 믿습니다. 기독교인은 전승된 신앙과 신학의 한계 내에서 특수한 진리를 주장하고, 힌두교도는 힌두교의 종교적 체계 속에서 그 종교의 특수성과 제한성을 가지고 진리를 말합니다. 이런 현상은 문화적 요인 때문에 필연적으로 특수화되고 제한된 것이라고 봅니다. 기독교인은 기독교 문화라는 제한된 범위 안에서 종교적 진리를 말하고, 힌두교도는 힌두교 문화라는 제한된 범위 안에서 종교적 진리를 말합니다. 그러나 파니카의 입장은 다릅니다. 그는 종교가 참된 종교가 되기 위해서는 특수화되고 제한된 경계를 뛰어넘어야 한다고 주장합니다. 예컨대 기독교가 참된 종교가 되기 위해서는 기독교의 절대성이라는 울타리를 뛰어넘어야 한다는 것인데, 그렇다면 기독교에는 무엇이 남아 있겠습니까?

이 점이 파니카의 한계입니다.

5:17 파니카가 표방하는 "알려지지 않은 그리스도"나 "그리스도 현현" 등의 개념들과 칼 라너(Karl Rahner, 1904-1984)의 "익명의 기독교인"이란 개념을 같은 지평에서 이해할 수는 없겠지요?

한교수 이 문제는 좀 넓은 시각에서 접근해야 하리라고 봅니다. 어떤 사상이나 주의를 A 아니면 B라고 단정적으로 해석한다는 것은 사실상 불가능합니다. 예컨대 어떤 사람이 민주주의는 개인의 자유만 주장하고, 사회주의는 만민의 평등만 주장한다고 단정한다면, 사실상 그는 무엇이 민주주의이고, 무엇이 사회주의인지 모르는 사람입니다. 민주주의 이념에도 만민의 평등이 포함되어 있고, 사회주의 이념에도 개인의 자유가 포함되어 있습니다. 다만 집단을 이끌어 가는 중심 가치를 어디에 둘 것인가에 따라 서로 강조점을 달리할 뿐입니다. 그렇다고 A는 A이면서 B와 같다거나 역으로 B는 B이면서 A와 같다고 무분별하게 유사성을 주장하는 것도 모순입니다.

파니카와 라너를 비교함에 있어서도 같은 논리가 적용된다고 봅니다. 저들의 기독교 이해에는 유사한 관점도 있지만 동시에 절대 겹쳐질 수 없는 차별성도 있는 것이 사실입니다. 라너에게 있어서 기독교는 인간이 신과 인격적 관계를 맺고 있는 종교입니다. 그가 기독교를 이념이나 다른 종교들과 철저히 구별하는 이유는 이 때문입니다.[50] 그는 예수의 죽음이 보편적 구원의 사건이라는 점, 그렇

---

50) Karl Rahner, "13. The Relationship Between Personal and Communal Sprituality and

기 때문에 기독교가 다른 종교들과 동등하지 않다는 점을 역설하며, 기독교만이 구원의 종교(그리스도중심주의)라고 주장합니다. 한편 그는 누구나 본성적으로 하나님을 알 수 있는 자연적 지식(자연신학)과 초자연적 은총(계시신학)을 갖고 태어났기 때문에 구원의 가능성을 갖고 있으며, 따라서 모든 사람은 그리스도의 은혜와 신에 대한 믿음, 소망, 사랑을 통해 의롭게 될 수 있는 "익명의 기독교인(the anonymous Christian)"이라고 주장합니다.[51] 그에 따르면 교회는 기독교인들만을 위한 배타적 신앙공동체가 아닙니다. 이교도들은 제도적인 교회에서 그리스도를 만나지는 않더라도 신의 보편적 구원의지로 말미암아 감추어져 역사하는, 구원의 실체인 그리스도에 동참할 수 있습니다. 그러므로 교회에서 선포되는 말씀은 세상을 구원하려는 신의 종말론적 현존(포괄주의)이라는 것입니다.[52] 라너의 주장을 정리하면 인간은 태어나면서부터 익명의 기독교인이기 때문에 구원의 가능성을 갖고는 있지만, 누구든지 그리스도를 통하지 않고는 구원에 이를 수 없다는 것입니다. 이에 반하여 파니카는 종교 간의 대화를 위해 기독교의 삼위일체 신론을 배제했고, 그리스도라는 기독교의 궁극적 실재를 보편화했습니다. 라너는 익명의 기독교인에 관해 그리스도중심주의적으로 접근하며 진술하다가, 이교도들의 구원에 관해 진술할 때는 신의 의지의 보편성과 신의 직접성과

Work in the Orders," *Theological Investigations,* vol. XIV: *Ecclesiology, Quetions in the Church, the Church in the World* (London: Darton, Longman & Todd, 1976), p. 235.

51) *Ibid.*, pp. 280-94.

52) *Ibid.*, pp. 135-41.

의 관계에서 설명하기도 합니다.[53] 어쨌든 라너는 익명의 기독교인
이란 용어를 광의적으로 사용합니다. "익명의 기독교인"이란 구원
의 객체(客體)에 대한 진술과 관련 있습니다. 그 반면에 파니카는 "그
리스도 현현"이라는 용어를 사용합니다. 그런데 "그리스도 현현"이
란 용어에서 파니카가 주장하는 "그리스도"란 전통적인 기독론에
서 고백하는 "그리스도"와는 본질적으로 다른 개념입니다. 이 개념
은 구원의 주체(主體)로서 궁극적 실재, 즉 신입니다. 라너의 사상이
그리스도중심주의인데 반하여 파니카의 사상이 신중심주의인 점
은 바로 이런 이유 때문입니다.

---

53) *Ibid.*, pp. 280-94.

Raimon Panikkar
6

파니카의 종교론

파니카는 종교적 갈등의 주범은 그리스도이므로
기독교가 그리스도에 대한 신앙절대주의를 포기할 때 비로소 종교 간의 평화가 실현되며,
이를 위해 종교 간에 대화가 필요하다고 주장합니다.
| 저자 |

종교 간의 대화

6:1 ▷ 파니카는 기독교를 배타주의 종교로 단정한 후, 기독교인들은 기독교만을 구원의 종교라고 주장하지만 엄밀히 보면 힌두교, 불교, 이슬람교 등도 구원의 종교들이므로 종교 간의 대화를 통해 종교마다 그리스도를 모시고 있다는 점을 인정하자고 역설합니다. 이것이 그의 핵심사상입니다. 선생님은 파니카의 이런 주장을 어떻게 생각하십니까?

한교수 ▷ 나는 종교 간의 대화를 반대하지 않습니다. 현대 사회에서 삶의 형식이 다원화되고 있는 이때 종교 간의 대화는 매우 필요합니다. 어떻게 보면 종교 간의 대화는 시대적 요청이며 사회적 요구라고 할 수도 있습니다. 다만 종교 간의 대화가 무엇을 목적으로 한 것이냐에 따라 종교 간의 대화에 대한 이해가 상충할 수 있을 것입니다.

파니카는 종교마다 궁극적 실재를 서로 다르게 상징화하여 호칭하지만, 실상인즉 동일한 존재를 다양하게 서술한 것에 불과하다는 것을 입증하려 했습니다. 그는 이러한 사실을 허심탄회하게 말할 수 있고, 그 사실 자체를 서로 인정할 수 있을 때 종교 간의 대화가 의미 있다고 주장합니다.[1] 그는 기독교인들이 자신들의 종교만 절대적이라고 주장하는 것은 배타주의적인 발상이며, 타 종교들의 종교성마저도 부정하는 독선적 처사라고 비판합니다. 이에 더하여 그는 기독교를 향해 타 종교들도 구원의 종교라는 사실을 인정하고 종교 간의 대화에 임하라고 역설합니다. 하지만 이러한 입장을 취하려면 종교마다 보수(保守)하고 있는 신앙과 교리는 물론, 예배와 제도 등도 수평 비교하며 동일함을 입증해야 하는데, 현실적으로 이런 일이 가능한지 묻지 않을 수 없습니다. 같은 교파 내에서도 지역이나 정치적·경제적 상황에 따라 종교적 진리가 다르게 해석되고, 적용되는 것이 현실인데…. 무지개를 보며 일곱 가지 빛이 서로 다르다거나 어느 것이 더 예쁘다고 평가하지 말고 무지개의 빛은 모두 동일하다고 말해야 한다면, 그리고 이런 태도가 다원주의라고 한다면 이런 진술이 사실적인가? 종교 간의 차이는 삶의 자리에서 자생한 여러 요인들에 의해서 야기되며, 종교적 전통들의 다양성으로 표출됩니다.

인격의 관점에서 보면 모든 인간은 동일하겠지만, 개성의 관점에서 보면 동일한 인간은 존재하지 않습니다. 마찬가지로 종교성의 관점에서 보면 모든 종교는 동일하겠지만, 정체성의 관점에서 보면 동일한 종교는 존재하지 않습니다. 나는 종교 간의 차이를 솔직히 인정합니다. 나는 종교 간에는 서로 정체성의 차이가 있을 수밖에 없는데, 그렇기 때문에 서로가 서로를 인정하고, 존중하고, 이해하

---

1) 파니카의 종교다원주의는 종교 간의 동질다상(同質多像)에 관한 신념이라 할 수 있다.

며 공존해야 한다고 생각합니다. 이를 위해 종교 간의 만남도 필요하고, 대화도 필요하다는 것이 나의 입장입니다.

6:2 다원주의 확산에 과학의 영향도 컸을 것 같은데….

한교수 맞는 얘깁니다. 나도 과학이 다원주의 확산에 촉진제 역할을 한 결정적인 요인들 가운데 하나라고 생각합니다. 오늘날 과학은 상상을 초월할 정도로 위력적입니다. 과학은 인간의 삶을 지배하는 모든 가치들을 하나의 그물로 연결합니다. 그 때문에 과학이 발달하면 할수록 인간의 삶은 그만큼 더 조밀해지고, 사회와 사회 간의 연결은 더 촘촘해집니다. 그동안 과학은 현상계의 메커니즘을 풀이해주는 도구처럼 간주되어왔습니다. 그러나 지금은 인간의 삶, 광의적으로 말하면 사회가 과학의 지배를 받으며 진화하고 있습니다. 나는 이러한 현상을 보며 과학이 인간의 의식 변화에 결정적인 작용을 했고, 그 결과로 인간은 다원주의라는 가치의 다양성을 생활화하게 되었다고 봅니다. 한마디로 다원주의의 확산에 과학도 일조했다는 말입니다.

6:3 오늘날 다원주의는 삶의 형식으로 인식될 정도로 정치, 경제, 사회, 문화, 종교 등등 다양한 분야들과 관계되어 있습니다. 특히 종교다원주의의 경우 신앙의 문제와도 직결되기 때문에 그 이해에도 차이가 있습니다. 선생님은 종교다원주의를 어떻게 정의하십니까?

 종교다원주의는 몇 마디로 정의할 수 있는 주제가 아닙니다. 방금 나에게 주어진 질문에 대하여 세 가지로 간추려 대답하도록 하겠습니다.

첫째, 나는 종교다원주의라는 '이즘(ism)' 자체를 부정적으로만 보지는 않습니다. 비근한 예로 나는 불교의 문화적 가치와 종교적 진리를 존중합니다. 그리고 그 가치나 진리가 불교도들에게는 절대적이라는 점도 인정합니다. 내가 불교를 존중하고 인정하는 만큼 나는 불교도로부터 나의 믿음에 대한 존중과 인정을 받고 싶습니다. 이런 점에서 나는 종교들 상호 간의 존중과 인정을 통한 이해를 강조합니다. 그러나 나의 이러한 이해가 구원의 다원성까지도 인정한다는 것은 아닙니다. 그렇다고 나는 타 종교들에는 구원이 없다고 단정하지도 않습니다. 솔직히 말해서 나는 내가 믿는 기독교 이외의 종교들 가운데 어떤 종교가 구원의 종교인지 논증할 수 없습니다. 구원은 논리적으로 증명될 수 있는 문제가 아니고, 신앙의 문제이기 때문입니다. 이것이 내 식대로의 종교다원주의입니다.

둘째, 종교다원주의라는 용어가 언제부터 종교학의 담론으로 인구에 회자되었는지 정확히 규명한다는 것은 사실상 불가능합니다. 다양한 종교들이 공존하고 있는 사회현상을 어떻게 이해하느냐에 따라 종교다원주의에 대한 정의도 달라질 수 있기 때문입니다. 나는 종교다원주의라는 용어가 선교지에서 타 종교들과 접촉하며 현장 경험을 했던 선교사들과 종교를 문화적 관점에서 관찰하려 했던 비교종교학자들에 의해 개념화되기 시작했다고 봅니다. 20세기 중엽까지만 해도 기독교는 선교지에 들어가 그곳의 종교들을 타파하고 원주민들을 기독교로 개종하는 활동을 선교로 간주했습니다. 그러나 제2차 세계대전이 끝난 이후부터 이러한 선교관이 바뀌기 시작했습니다. 선교가 타 종교들을 정복하기 위한 도구로 사용되던 시대가 끝난 것입니다. 지금은 어떤 선교사도 선교지의 종교들과 맞서 겨루면서 전투적으로 선교하지 않습니다. 뿐만 아니라 지금은 어떤 신학자도, 비록 정통보수주의 신학을 고집하는 신학자라 할지라도 선교현장은 그곳 원주민들의 문화가 축적되어온 삶의 자리요, 저들의 신앙을 보여주는 증거자료라는 점을 부인할 수 없을 것입니다. 어떻게 보면 시대정신이 타 종교들에 대한 시각을 이 정도로까지 교정했는지도 모르겠습니다. 어쨌든 타 문화에는 그 풍토에서 자생한 종교와 그곳 사람들의 삶에 축적되어오면서 토착화된 예배 의식 등이 근간을 이루고 있는데, 이것이 그 문화권 사람들의 절대 신앙입니다. 선교관의 변화는 종교다원주의를 촉진했고 신중심주의를 절대화했습니다.

셋째, 종교다원주의는 진리의 절대성을 포기할 때 수용될 수 있는 개념입니다. 그러므로 정체성이 강한 종교일수록 종교다원주의를 배척합니다. 종교다원주의는 종교마다의 독특한 진리나 가치를 부정하며 모든 종교를 구원의 종교로 상대화합니다. 이러한 사상이 오늘날 기독교에 영향을 미치게 된 것은 가톨릭교회가 "교회 밖에는 구원이 없다(*extra ecclesiam nulla salus*)" ─ 교회는 구원의 방주(Cyprianus) ─ 는 교회중심주의적 배타주의 입장을 고수해오다가 「제2차 바티칸 공의회」(1962-1965)를 기점으로 그리스도중심주의적 포괄주의로, 일부는 신중심주의적 다원주의로 전환한 것에 영향을 받은 것이 아닌가 생각됩니다.

 선생님은 종교마다 그 종교 나름대로의 가치와 진리를 표방하고 있지만, 종교의 본질마저 동일한 것은 아니라는 말씀을 하시며 모든 종교를 구원의 종교로 간주하는 파니카의 오류를 지적하신 적이 있습니다. 종교 간의 상대성은 인정하되, 종교마다 보수하고 있는 종교의 정체성마저 상대적으로 규정해서는 안 된다는 뜻으로 선생님의 말씀을 이해해도 될까요?

한교수 그렇습니다. 나는 세계적인 종교들은 그 종교들만의 정체성을 드러낼 수 있는 진·선·미의 보편타당한 진리를 갖고 있다고 생각합니다. 나의 생각이 맞는지 틀린지에 대하여는 종교학자들이 판단하겠지만, 분명한 사실은 어떤 종교도 보편타당한 진리를 배제하고는 인류를 위한 종교가 될 수 없다는 것입니다. 이러한 사실을 인정하는 사람은 종교의 상대성을 이해할 수 있을 겁니다. A는 B, C 등과 의존적인 관계로 존재합니다. 이 관계를 상대성이라고 합니다. 하지만 A, B, C 각자의 본래성(本來性)이나 고유성(固有性)마저 의존적인 관계로 존재하는 것은 아닙니다. 나는 내 과목을 수강하고 있는 S1, S2, S3,… 등등 여러 학생들과 스승과 제자의 관계로 만나곤 했고, 이 관계를 상대성으로 규정합니다. 그러나 나와 학생들 간의 관계를 상대성으로 규정한다는 것이 곧 나와 학생들의 본래성이나 고유성마저도 의존적인 관계로 되어 있다는 말은 아닙니다. 이미 나는 '나'로서의 정체성을 지니고 있고, 각 학생들은 그들 나름대로 각각의 '나'로서의 정체성을 지니고 있습니다. 나는 독자적인 정체성을 지닌 '나', 즉 '선험적 나(das a-priorische Ich)'이며 동시에 대상에 의존적인 존재로서의 '나', 즉 '후험적 나(das a-posteriorische Ich)'입니다. 설명이 좀 길어졌습니다만, 내가 하고자 하는 말의 요지는 기독교, 힌두교, 불교, 이슬람교 등등 세계적인 종교들의 문화적 가치와 이 종교들의 본질인 종교적 진리는 한 사회나 문화권에서 서로 상대성을 지니고 상생하지만, 이 종교들의 정체성마저 동일하다고 하는 것은 잘못된 것이라는 점을 지적하는 것입니다. 한마디로 종교 간의 상대성이라는 잣대로 종교의 정체성마저 상대적으로 규정해서는 안 된다는 것입니다. 종교마다 그 종교만의 진리를 갖고 있기 때문입니다.

 진 · 선 · 미의 보편타당한 진리란 무엇입니까?

한교수 기독교의 경우 이 진리는 로고스(*Logos*)입니다. 로고스라는 낱말은 고대 그리스 철학 시대부터 스토아 철학 시대에 이르기까지 여러 가지 의미로 사용되던 철학 용어였지만, 요한복음의 저자에 의해 기독교에 처음 소개되었고, 아우구스티누스가 사용하면서부터 기독교 용어로 토착화되었습니다. 저스틴(Justin Martyr)은 어느 민족, 어느 누구든지 "로고스의 씨앗(*logoi spermatikoi*)"을 갖고 살았다면 기독교인이라고 했습니다.[2] 재미있는 사실은 칼 라너의 "익명의 기독교인(*anonymous Christian*)"의 요지와 저스틴의 "로고스의 씨앗"의 주지는 대동소이하다는 것입니다. 라너는 저스틴의 사상이 함축되어있

---

2)　Eric Francis Osborn, *Justin Martyr* (Tübingen: J.C. Mohr[Paul Siebeck], 1972), p. 64.

는 용어를 차용하여 자신의 낱말로 표기하며 자신의 독창적인 개념 처럼 발표했던 것입니다.[3] 그런데 문제는 세계 신학자들 중 어느 누구도 라너의 전매특허처럼 공인되어 있는 "익명의 기독교인"이라는 낱말이 저스틴의 "로고스의 씨앗"이라는 용어를 차용한 것이라는 사실을 알지 못하고, 지금도 라너의 창조적 발상으로 인식하고 있다는 것입니다.

저스틴은 기독교가 다른 종교들과의 관계에서 가지는 상대성뿐 아니라 철학과의 관계에서도 상대성을 인정했습니다. 그는 기독교의 절대성을 인정하며 다른 종교들 및 다른 사상들과의 상대성을 주장했습니다. 그래서 사람들은 그를 "기독교인의 옷을 입은 철학자"로 부르기도 합니다.

종교학의 관점에서 보면 진·선·미의 보편타당한 진리란 각 종교마다 결코 양보하거나 상대화할 수 없는 그 종교만의 절대 진리라 할 수 있습니다.

6:6 ▷ 캔트웰 스미스(W.C. Smith)의 종교관은 모든 종교가 신이라는 정점을 지향하고 있다는 것입니다. 그의 이러한 견해가 종교 간의 대화를 주장하는 파니카를 이해하는 데 도움이 된다고 보십니까?

한교수 ▷ 나는 이 질문이 '그렇다'거나 '아니다'라는 대답으로 끝낼 수 있을 정도로 간단하다고 생각하지 않습니다. 이 질문은 종교다

---

3) Karl Rahner, "17 Observations on the Problem of the 'Anonymous Christian'," *Theological Investigations*, vol. XIV: *Ecclesiology, Questions in the Church, the Church in the World* (London: Darton, Longman & Todd, 1976), pp. 280-94.

원주의에 대한 이해와 맞물려 있습니다. 스미스는 이슬람교에 관심을 갖고 연구하면서, 그리고 파니카는 기독교와 힌두교 간의 대화를 역설하면서 자신들의 종교사상을 구체화했습니다. 이 두 학자의 공통점은 종교다원주의에 입각하여 종교의 본질을 규명한다는 것입니다.

스미스는 종교 간의 차이는 외형적일 뿐 본질에 있어서는 대동소이하다고 주장하며 종교에 대한 역사적 접근, 문화사적 이해의 필요성을 역설했습니다. 이런 의미에서 스미스는 종교의 목적은 신에 도달하려는 점에서 동일하며 궁극적으로는 모든 종교의 신학들이 "세계 신학(A World Theology)"으로 지향해간다고 주장했던 것입니다.[4]

그 반면에 파니카는 종교 간의 대화를 강조합니다. 그는 종교 간의 대화를 설득의 목적으로 이용하지 말고,[5] 상호수정의 목적으로 삼으라고 충고합니다.[6] 종교마다 신에 관해 다양하게 말하지만 서로 다른 신에 관해 말하는 것이 아니며, 비록 신에로 가는 길이 다르다고 하더라도 그 신 자체가 다른 것은 아니라는 게 그의 주장입니다. 그는 일원주의에 상대되는 개념으로서의 다원주의보다는 상생(相生)의 필요성 때문에 요청될 수밖에 없는 다원주의를 그의 종교론에 끌어들였습니다. 이런 맥락에서 보면 스미스와 파니카는 대동소이합니다. 스미스는 종교의 신학을 종교학의 종합체로 간주하며 "세계 신학"을 역설했고, 파니카는 "알려지지 않은 그리스도"를 보편적

---

4) Cf. Wilfred Cantwell Smith, *Towards A World Theology* (Philadelphia: Westminster Press, 1981).

5) R. Panikkar, *The Intrareligious Dialogue* (1999), p. 10.

6) *Ibid.*, pp. 91, 139.

인 그리스도로 간주하며 그리스도가 모든 종교들에서도 현현되었다고 주장했습니다. 스미스는 신을 모든 종교의 종점이라고 주장했고, 파니카는 모든 길이 신에로 가는 길이라고 주장했습니다.

6:7 종교 간의 대화에 대해 결론적으로 한마디 하신다면….

한교수 파니카는 자기 사상의 대부분을 종교 간의 대화를 통해 정립한 학자입니다. 어느 종교를 통해서도 구원에 이르게 된다는 그의 주장은 범종교적이고 개방적인 것 같지만 그의 주장대로 모든 종교가 구원의 종교라면 결국 어떤 종교로도 구원에 이를 수 없게 될 것입니다. 절대 신앙을 상실한 종교가 구원의 종교일 수는 없기 때문입니다. 이러한 주장은 신앙을 신념으로 간주하기 때문에 종교와 이데올로기를 구별하려 하지 않습니다. 어떤 종교의 신앙으로 신을 믿든지, 어떤 이데올로기로 세계관을 정립하며 신념하든지 결국 인간은 지정의(知情意)의 대상을 믿는다는 말입니다. 어쨌든 파니카의 취지에 부응하면 정의와 평등을 주장하는 마르크시즘(Marxism)도 이념을 절대화한 유사종교이므로 이를 통해서도 구원(해방)을 얻을 수 있습니다. 결국 파니카는 종교 자체마저도 신앙에서 신념으로 전이된 이데올로기로 체계화한 셈입니다.

2

갈등의 필연성과 대화의 필요성

> **6:8** 종교 간의 갈등이 일어날 수밖에 없는 이유는 무엇이라고 보십니까?

한교수 모든 갈등에는 원인이 있습니다. 갈등은 필연적이라는 것이지요. 종교 간의 갈등에도 원인이 있는데, 그것은 신앙절대주의에서 비롯된다고 봅니다. 기독교인들은 그리스도를 통해서만 구원을 받는다고 믿습니다. 이것이 기독교의 신앙절대주의입니다. 문제는 기독교만 신앙절대주의를 고집하는 종교냐는 겁니다. 힌두교나 이슬람교의 경우 신앙절대주의는 기독교와는 비교도 안 될 정도로 극심하고 폭력적이기까지 합니다.

파니카는 종교적 갈등의 주범은 그리스도이므로 기독교가 그리스도에 대한 신앙절대주의를 포기할 때 비로소 종교 간의 평화가 실현되며, 이를 위해 종교 간에 대화가 필요하다고 주장합니다. 이것은 '뿔 고치려다 소 죽인다'는 옛말처럼 종교적 갈등의 원인을 고치려다 그리스도만을 죽이는 꼴입니다. 우리는 종교 간의 대화에 임하면서 교각살우(矯角殺牛) 전과 후의 현상을 다시 한 번 생각해보아야 할 것입니다.

6:9 종교 간의 대화에서도 언어의 역할은 중요할 텐데….

한교수 그렇습니다. 종교 간의 대화에서도 언어의 역할은 중요합니다. 하지만 언어가 종교를 상대화하거나 평준화하기 위한 수단으로 사용된다면 언어의 역할이 독이 될 수도 있을 것입니다. 대화는 언어의 기호론과 관련해서도 분석되고 체계화됩니다. 언어는 인간이 삶에서 경험한 것을 상징화하는 기호입니다. 삶의 자리와 직결되어 있는 종교 역시 언어를 통해 상징화(신앙화)된 기호(교리)입니다. 그러므로 종교적 상징과 기호에 대한 종교 상호 간의 이해 여하에 따라 종교 간의 대화도 특징화될 수 있습니다.

6:10 파니카는 종교 간의 대화에 관해 진술하면서 "상호수정(mutual fecundation)", "타가수정(cross-fertilization)" 등의 용어들을 자주 사용하는데, 가장 큰 문제는 무엇이라고 생각하십니까?

한교수 파니카가 종교 간의 대화에 생물학적 용어들을 도입했다는 것은 종교적 대화가 때로는 예상 밖의 결과를 초래할 수도 있다는 판단 때문입니다. 파니카는 종교와 종교가 서로 대화하다 상호수정의 단계에까지 이르게 되면 종교 간의 대화가 결실을 맺은 것으로 봅니다. 그는 종교 간의 상호수정이 세계사(世界史)에까지 영향을 미친다고 확신하며, 다음과 같은 말을 했습니다.

힌두교와 기독교의 대화는 이론상으로만 쟁점이 된 것이 아니다. 그
것은 세계, 특히 인도 대륙에 사는 사람들의 삶과 관계되어 있다. 오
늘날 많은 역사적 운동들은 종교 간의, 이 경우 힌두교와 기독교 간의
상호수정이 없었다면 이해할 수 없었을 뿐만 아니라 불가능했을 것
이다.[7]

　　이 지경에 이르게 되면 종교 간의 차이도 우열의 장벽도 없어지
게 된다는 것이 그의 생각입니다. "기독교인(a christian)으로서(나는 소문
자 c로 표기하기를 요구한다) 나는 내 자신과 힌두교 달마(dharma)를 동일시
하는 데 어떤 어려움도 겪지 않았다."[8] 이 한마디로 그는 자신의 견
해를 표명했습니다. 그가 중요하게 생각하는 것은 기독교냐 힌두교
냐 라는 종교적 정체성에 집착하기보다는 이 둘의 상호수정으로 생
겨난 '기독교적 힌두교', 또는 '힌두교적 기독교'로 인류에 공헌할
수 있는 길을 찾는 것입니다. 문제는 '종교 간의 대화 → 상호수정
→ 종교적인 어떤 신품종' 등으로 이어지면서 만들어진 새로운 종
교가 진정으로 인류에 공헌할 수 있겠는가라는 점입니다.

　　나는 종교 간의 대화가 지향하는 궁극적 목적은 상호수정이나 타
가수정을 하며 교잡종(交雜種)을 만드는 데 있지 않고, 종교 상호 간
에 서로 도움이 되며 함께 살아갈 수 있는 길을 모색하는 데 있다
고 생각합니다. 이런 맥락에서 나는 종교 간의 상리공생(相利共生 ·

---

7)　*Ibid.*, p. 139.

8)　*Ibid.*, p. 144. 파니카는 기독교인이라고는 하지만 본인 스스로 대문자 'C'로 시작하는
　　'Christian'이 아니고 소문자 'c'로 시작하는 'christian'으로 표기할 것을 요구할 정도로
　　기독교 정통성을 따르는 기독교인이 아님을 밝히고 있다. Christian과 christian의 차이
　　만큼이나 그의 기독교 이해는 매우 차별화되어 있다.

mutualism)을 목적으로 하는 종교 간의 대화를 주장합니다.

6:11 파니카의 기독교 이해에 대해서 어떻게 생각하십니까?

한교수 단적으로 말해서 파니카의 기독교 이해는 기독교적이지 않습니다. 물론 그의 제자들 중에는 파니카의 기독교 이해에 정당성을 부여하겠지만, 어떤 이론에 대한 정당성이 그 이론의 정통성과 언제나 일치하는 것은 아닙니다. 그는 기독교의 신앙행태가 배타적이라고 비판하며, 기독교가 진정으로 타 종교들과 대화하려면 신앙의 대상인 그리스도를 포기해야한다고 역설합니다. 그가 주장하는 종교 간의 대화는 종교다원주의뿐 아니라 종교상대주의의 경향도 포괄하고 있기 때문에 이러한 대화를 계속하는 한 기독교는 그리스도와 멀어지게 되고, '그리스도가 없는 기독교'는 '처음부터 그리스도가 없었던 종교들'과 상호수정이나 타가수정을 하며 혼합주의 종교로 전락하게 됩니다. 뿐만 아니라 그는 그리스도의 실재를 상대화했고, 기독교를 종교다원주의의 한 종교로 전락시켰습니다. 이처럼 파니카의 종교사상에는 종교다원주의와 종교상대주의가 혼재하고 있습니다. 종교적 진리에 관해서 진술할 때는 종교상대주의의 입장에서, 구원의 문제에 관해서 진술할 때는 종교다원주의의 입장에서 그는 자신의 논리를 피력했습니다.

6:12 파니카가 종교 간의 대화에 역점을 두는 이유는 무엇인지요?

 이 질문에 대한 대답은 두 가지로 간추려질 수 있습니다.

첫째, 파니카는 종교 간의 대화가 어떤 형식을 띠고 있든지 간에 종교 간의 평화를 위한 것이어야 한다고 주장합니다. 문제는 파니카가 종교적 평화라는 명분을 내세우며 종교 간의 대화에 관해 피력했지만 궁극적으로는 기독교 신앙을 상대화하려 한 점입니다. 명분이 좋다고 현실적인 것은 아닙니다.

둘째, 파니카는 종교 간의 대화를 위해 기독교가 그리스도에 대한 신앙을 포기하고, 종교의 보편적 가치를 공유해야 한다고 주장합니다. 그는 이 가치를 우주신인론적 실재, "보편적인 그리스도(the universal Christ)"라고 했습니다.[9] 그러나 이러한 종교관은 종교 자체를 세계관의 일종으로 간주하기 때문에 궁극적으로는 미신이나 무신론까지도 신앙의 형식으로 수용하게 됩니다. 이러한 관점에서 보면 순교처럼 무의미하고 헛된 죽음은 없습니다. 신앙의 형식은 달라도 신앙의 대상은 같은데 구태여 특정 종교의 신앙만을 보수하겠다고 고집하다 죽임을 당한 것이기 때문입니다.

이러한 종교론을 표방하는 한 그는 종교평화주의자처럼 인식될 수는 있겠지만, 나는 종교의 보편적 가치를 실천하기 위해 절대 신앙을 포기하고 신앙의 대상마저도 상대화해야 한다는 데 동의하지 않습니다.

종교의 보편적 가치는 사랑이므로 종교가 사회적 기능을 제대로 수행할 때 종교는 사회에 공헌하게 됩니다. 각각의 종교들이 자신

---

9) Paul F. Knitter, *No Other Name?: A Critical Survey of Christian Attitudes Toward the World Religions*, pp. 152-57.

들의 정체성은 견지하며 사랑을 실천할 때 종교 간의 평화는 물론 인류를 위한 평화도 유지될 수 있다는 말입니다. 분명한 사실은 종교 간의 대화 자체가 문제되는 것이 아니고, 이를 빌미로 종교다원주의나 종교상대주의, 종교혼합주의 등이 종교마다 보수하고 있는 고유한 신앙을 훼파(毁破)하는 것이 문제입니다.

3

대화의 목적

6:13 종교 간의 대화의 궁극적 목적은 무엇이라고 생각하십니까?

한교수 어떤 형식으로 대화하든지 간에 대화한다는 것은 대화 당사자들 간에 서로 상대할 가치를 인정한다는 것입니다. A와 B가 대화하기 위해 만나서 서로 '나는 옳고 너는 틀렸다'고 비판이나 한다면, 그리고 이 비판을 합리화하기 위하여 논쟁이나 설득을 일삼는다면 대화하기 위한 만남은 서로 간의 갈등만 초래하게 될 것입니다. 종교 간의 대화 역시 예외는 아닙니다. 종교 간의 대화는 각 종교가 우월의식과 편견을 포기할 때 비로소 가능합니다. 내가 우월의식과 편견을 갖고 상대편의 종교를 조목조목 비판하며 대화하려 한다면 대화의 자리가 싸움판이 될 것입니다. 색안경을 끼고 '네 종교는 나쁘고, 내 종교만 좋다'라고 주장하는 한 상대편 종교의 심층을 들여다 볼 수 없을 것입니다.

파니카도 종교 간의 대화는 서로 자신들의 종교만 우월하다는 편견이나 상대편을 설득하려는 숨은 동기들을 버리고 상대편 종교의 진수(眞髓)에 접근하며 이해하려 할 때 가능하다는 생각을 했습니다. 종교 간의 대화가 교리의 교환이나 지적 토론이어서도 안 되며, 참으로 종교적이어야 한다는 것이 그의 주장입니다.[10] 이것이 파니카가 목적하는 종교 간의 평화를 위한 대화입니다.

이러한 대화를 비판할 사람은 없을 것입니다. 그러나 파니카가 비판받는 이유는 종교 간의 대화라는 미명으로 기독교를 타 종교들과 동일시 한 점, 역으로 말하면 타 종교들을 기독교화하려 한 점 때문입니다. 종교 간의 대화가 진정으로 종교적이려면 각 종교들의 정체성과 저들만의 특수한 신앙과 신학을 인정하고 존중하며 인류를 위한 생산적 헌신의 길을 찾기 위한 대화여야 합니다. 대화하기 위해 만나서 '나사렛 예수만 그리스도인 것은 아니다. 그리스도는 모든 종교들에서도 현현되었다. 그러므로 어느 종교를 통해서도 구원받을 수 있다'라는 식으로 한 종교의 절대 신앙과 신앙의 대상을 상대화해버리는 행위를 참된 종교적 대화로 보기는 어렵습니다. 이것은 대화가 아니고 성토(聲討)라고 밖에는 달리 말할 수 없습니다. 종교 간의 대화가 목적하는 바는 각 종교의 정체성을 동질화하기 위한 것이 아니고, 신앙은 달라도 인류를 위한 일에 함께할 수 있는 길을 찾는 데 있습니다. 종교의 본질을 평준화하기 위한 만남을 종교 간의 대화로 규정하거나 대화적 대화 등으로 표현되는 대화의 목적을 종교 간의 대화로 규정하는 파니카의 주장은 솔직히 말해서 파니카답지 않다고 봅니다.

---

10)   Cf. R. Panikkar, *The Intrareligious Dialogue* (1999), pp. 73-83.

6:14 ▸ 선생님은 방금 파니카가 주장하는 종교 간의 대화에 관해 말씀하시면서 "파니카답지 않다"는 표현을 쓰셨습니다. 주지하다시피 파니카는 자신만의 색깔을 가진 종교학자인데, "파니카답지 않다"는 것은 그에 대한 도전으로 들릴 수도 있을 것 같습니다. 무엇에 근거하여 파니카를 "파니카답지 않다"고 직설적으로 단정하셨는지, 좀 더 구체적으로 설명해주시겠습니까?

한교수 ▸ 내가 말하려는 것은 파니카 자신이 그리스도를 탈기독교적으로 해석하기에 앞서 "나는 왜 신부복을 벗는가?"라든가, "내가 기독교를 떠나는 이유" 등등 어떤 형식으로든지 파계 선언을 하고 자유인이 된 지성으로서 종교 연구를 계속했더라면 오히려 그의 용기가 그를 더욱 파니카답게 만들지 않았겠는가라는 것입니다. 사상의 전향은 개인의 양심과 용기의 문제입니다. 하지만 전향한 후에도 옛 둥지에 남아 이질적 행동을 계속하는 것은 학자적 양심은 물론 진리 탐구의 용기마저 퇴색시키는 것입니다.

나는 파니카를 좋아합니다. 그는 누가 뭐라고 해도 세계 종교학계가 인정하는 종교학자입니다. 그러나 나는 내가 파니카를 좋아하기 때문에 그의 제자들처럼 그의 사상으로 교도(教導)된 '제2의 파니카'나 '작은 파니카(petit-Panikkar)'가 될 생각은 없습니다. 나는 그의 사상에 관심을 갖고 있었고, 그래서 그의 주저들도 독파했습니다만 일부 관점에서는 그와 생각이 다릅니다.

파니카는 그의 저서들이나 논문들에서 기독교와 힌두교, 불교, 때로는 이슬람교 등에 관해서 진술하며 그가 이 각각의 종교들에 관해 얼마나 깊은 애정을 갖고 궁구(窮究)했는지 묵언의 필치로 표현하곤 했습니다. 문제는 그 스스로 진술했듯이 기독교인으로 출발해서 힌두교도가 되어 있음을 발견했고 불교도로 귀의할 정도로 그가 각 종교의 본질을 실존적으로 체험하면서 두루 섭렵한, 그 결과 종교 간의 대화가 필요함을 절감하게 되었다면, 이를 통해 구현해야 하는 구체적인 목적(目的)을 제시했어야 했는데 그는 오직 종교 간의 대화, 특히 기독교와 힌두교 간의 대화를 통해 기독교를 힌두교 사상으로 해석하며 기독교의 힌두교화에 진력(盡力)했고, 기독교의 삼위일체 신관마저 힌두교의 다신교적이고 범신론적인 신관으로 해석하기 위해 전력(全力)을 다했다는 점입니다. 파니카는 힌두교의 삼신론(tritheism)을 기독교의 삼위일체(trinity)와 같다고 역설하곤 합니다만, 솔직히 말해서 힌두교의 신론은 삼신이체론(三神異體論)이므로 기독교의 삼위일체론(三位一體論)과는 근본적으로 다릅니다.

19세기 중엽 무굴(Mogul) 제국이 멸망하면서 인도는 영국의 직할 식민지가 됩니다. 영국이 지배하면서 기독교와 서양사상이 인도 문화에 급속히 유입되기 시작했고, 이를 기화로 힌두교는 오늘의 힌두교로 개혁되고 체계화되었습니다. 어떻게 보면 힌두교가 기독교 신학을 천착해가며 기독교처럼 종교화되었다고 할 수 있습니다. 한때 마드리드에서는 산스크리트(Sanskrit)를 가르치기도 했고, 방갈로르(Bangalore)에서는 인도학(Indology)을 가르치기도 했던 파니카가 힌두교 형성사와 그 역사-문화적 배경 및 19세기 이후 힌두교의 새로운 종교화 과정을 몰랐을 리 없었을 텐데, 그럼에도 불구하고 이렇게 '고쳐 만들어진 힌두교(the reformed hinduism)'로 기독교의 삼위일체론, 특히 기독론을 힌두교화하려 했던 점은 전혀 납득할 수 없는 일입니다.

나는 파니카가 주장하는 종교 간의 대화가 궁극적으로는 종교 혼합주의에 빠져들어 갈 위험이 있다고 경고한 바 있습니다. 나는 종교 간의 대화로 동질성(homogeneity)은 찾아내고 이질성(heterogeneity)은 인정하려 할 때, 서로 신앙은 다르지만 인류를 위해 할 수 있는 공동의 선을 모색하려 할 때 대화의 목적이 의미 있다고 봅니다. 그러나 파니카는 이 문제를 차치하고 오직 기독교의 종교성을 타 종교들의 종교성과 동질화함으로써 기독교를 유야무야(有耶無耶)한 종교로, 그리고 타 종교들도 그리스도가 존재하는 '그리스도의 종교(a religion of Christ)'로 간주했고, 이로써 기독교를 탈기독교화 했습니다. 바로 이점이 파니카가 '파니카답지 않다'는 점입니다. 수많은 기독교 순교자들이 무엇 때문에 목숨을 버렸는지 누구보다 잘 그리고 많이 알고 있을 파니카가 기독교의 본질을 이질화하면서까지 종교 간의 대화를 강조했던 저의는 솔직히 납득하기 어렵습니다. 나의 이러한 지적에 대하여 많은 비판이 쏟아지겠지만 솔직히 말해서 기독교는 힌두교와도 다르고 불교와도 다릅니다. 물론 이 세 종교들이 주장하는 보편적 가치에는 개인윤리적으로나 사회윤리적으로 같은 점도 많고, 유사한 점도 많지만, 그러나 진리 자체에 대한 해석에는 서로 근접하기 어려울 정도로 간극이 큰 것도 사실입니다. 이것은 힌두교나 불교도 기독교와는 다른, 그 종교들만의 정체성과 고유한 신앙을 갖고 있다는 사실을 인정해야 한다는 것을 의미하는 말이기도 합니다. 만일 파니카가 종교 간의 대화를 통해 서로 다름도 인정하며 공통점을 찾으려 했다면, 예수 그리스도와 기독교의 정체성을 솔직히 인정했다면, 기독교를 평준화하기 위한 대화가 아니라 종교의 사회적 기능과 이를 수행할 수 있는 적실성 있는 대안을 구체적으로 제시했다면, 기독교가 인간의 역사와 문화에 미친 공과 실을 솔직히 인정하며 냉철하리만큼 객관적으로 기독교를 자리매김했다면, 기독교의 궁극적 가치는 인간의 구원임을 그래서 성육신한 그리스도가 기독교 신앙의 궁극적 대상이라는 점을 진정으로 인정했다면, 그는 세계적인 종교들을 섭렵한 대가 파니카로서, 파니카다운 종교학자가 되지 않았을까 라는 생각을 하게 됩니다. 이런 아쉬움 때문에 그의 종교사상이 더욱 단조로운 이론으로 보이는 것은 아닌지 곰곰이 반추해보게 됩니다. 어쨌든 나는 이런 맥락에서 파니카를 '파니카답지 않다'고 말했습니다.

6:15 ┤ 선생님은 "파니카답지 않다"는 말이 무엇을 의미하는지 설명하시면서 파니카와 생각이 다르다는 말씀을 하셨습니다. 생각이 다르다는 것과 사상이 다르다는 것은 거의 같은 뜻으로 쓰입니다. 파니카의 사상을 이해함에 있어 주제어들 중의 하나는 종교 간의 대화입니다. 선생님은 파니카가 주장하는 종교 간의 대화에 문제가 있다고 보셨습니다. 대화에서 중요한 기능은 어떤 것인가요?

한교수 ─ 대화를 건설적으로 이끌어가기 위해서는 말하는 것 못지않게 듣는 것도 중요합니다. 진지하게 듣는 것 자체가 상대편에게 가깝게 다가가려는 것이고, 상대편의 진리에 관심을 보이는 것이 아닐까요. 상대편의 이야기를 진지하게 듣기도 하고, 동감할 만한 내용에는 수긍도 하며 어떻게든지 공동의 선을 찾아내려는, 이런 자세를 갖고 서로 마주앉았을 때 대화가 가능할 것입니다. 진리에

보다 가까이 가려는 진지한 자세를 갖고 피차간에 마주앉았을 때 대화가 가능하다는 말입니다. 자기의 주장을 관철하려는 데 대화의 목적을 두지 말고 상대편의 이야기를 경청함으로써 대화 자체가 본래 목적대로 이어지도록 하는 것, 이것이 중요합니다.

그러나 한 가지 명심할 것은 대화를 위해 마지노선까지 내놓아서는 안 됩니다. 파니카는 기독교의 마지노선까지도 양보하며 대화를 위한 대화에 연연했는데, 이런 지경에 이르게 되면 기독교는 더 이상 존재할 수 없습니다. 대화에서 중요한 기능은 양쪽이 서로 이야기를 주고받으면서 상대편을 이해하고 존중하려는 자세로 임하도록 하는 것입니다. 다시 말해 서로 대화 상대편의 정체성을 인정하고, 그대로 놔두라는 것입니다.

6:16 ─ 종교 간의 대화란 진정으로 서로의 정체성을 인정하고, 서로 상대편의 진리에 다가가려는 진솔한 자세로부터 출발해야 한다는 말씀인데….

한교수 ─ 그렇습니다. 대화란 상대편의 진리에 다가가겠다는 진지한 마음을 갖고 있을 때 가능하다고 봅니다. 그 다음의 하나는 진리를 추구하려는 목적과 방법을 가지고 있을 때입니다. 아무런 목적도 방법도 없이 그저 마주앉아서 각자 말만 한다면 그것은 지껄임일 뿐입니다. 어떤 주제를 놓고 대화를 하려 할 때, 대화의 목적은 무엇이며 어떻게 대화할 것인가를 어느 정도 미리 정하고 대화를 시작해야 할 것입니다. 종교 간의 대화 역시 이런 틀에서 벗어나지 않아야 합니다.

종교 간의 대화는 종교적 방법의 하나일 뿐 아니라 대화의 주체와 객체가 각자 자신들의 정체성을 더욱 심화·각인할 수 있는 과정이기도 합니다. 종교 간의 대화를 통해 인류를 위한 공동의 선도 도출될 수 있습니다. 종교 간의 대화에 이데올로기라든지 감정이 충동적으로 개입해도 안 됩니다.

6:17 ▷ 파니카는 개종(改宗)이라는 이변까지도 감수할 수 있을 정도로 진지하고 정직하게 나누는 대화를 종교 간의 대화라고 했는데….

한교수 ─ 그의 주장은 매우 원론적이고 이상적입니다. 문제는 과연 이런 정도의 대화가 현실적이고 보편적인가라는 데 있습니다. 그는 기독교를 향해 그리스도에 대한 신앙절대주의를 버리라고 역설합니다. 그리고 개종까지도 생각할 정도로 진지하고 정직한 자세로 대화에 임하라고 충고합니다. 이것은 그 스스로 기독교의 신앙절대주의를 인정하면서 동시에 기독교를 상대화하려는 역설적인 충동입니다. 기독교, 힌두교, 불교, 이슬람교 등을 비롯한 세계적인 종교들은 모두 종교적 우월의식과 신앙절대주의를 고수하고 있습니다. 이런 종교들은 종교적 전통과 신앙을 철저히 보수(保守)해왔기 때문에 오늘날까지도 인류에 영향을 끼치며 존속하고 있는 것입니다. 대화중에 개종의 이변이 일어날 수 있을 정도로 신앙이 불안정한 종교라면 종교로서 발생하던 시점에 이미 사라졌을 것입니다. 기독교의 경우만 보더라도 사도들의 신앙이 흔들렸다면 초대교회는 형성될 수 없었을 것이고, 그렇게 되었다면 예수의 십자가 사건은 인류사에서 망각되어버렸을 것입니다. 파니카의 오류는 종교 간의 대화를 통해 서로 다르다는 것을 인정하고 인류를 위해 함께 가기 위한 길을 모색해야 한다는 점을 간과한 것입니다.

4

대화의 방법

6:18 ▸ 종교 간의 대화에도 정도(正道)가 있고, 금도(襟度)가 있다는 말씀이군요. 그렇다면 파니카의 입장을 어떻게 정리할 수 있을까요?

한교수 ▸ 파니카의 입장은 단순·명료합니다. 다음과 같이 정리될 수 있습니다.[11]

첫째, 그의 전체 사상을 꿰뚫어보면, 배타주의에 대한 철저한 비판이 기저(基底)를 이루고 있습니다. 그는 배타주의가 편협하고, 교만하고, 상대편을 경멸하고, 나의 구원관만이 옳다는 독선과 아집을 갖고 있다고 보기 때문에 배척합니다. 예컨대 이슬람교에만 종교적 진리가 있다면, 타 종교들에는 어떤 진리도 있을 수 없다는 독선이 배타주의라는 겁니다. 진리는 다면적이므로 종교적 진리 역시 진실로 '참'이라면 이슬람교에서뿐만 아니라 종교적 진리가 참인지 인식하지 못하는 사람들에게서도 그 진리는 참이어야 한다는 것이

---

11) *Ibid.*, pp. 5-11.

파니카의 주장입니다.[12]

둘째, 파니카는 포괄주의도 배척합니다. 포괄주의는 상대편의 진리를 자신의 잣대로 재해석한 후 자신의 진리에 동화시키려 한다는 것이 그 이유입니다. 종교적 진리에 관한 대화의 자리에서 A가 B에게 '너의 종교에도 일말(一抹)의 진리는 있어. 그렇지만 나의 종교는 그 진리마저도 포괄하고 있는 절대 진리이므로 네가 구원을 받으려면 내 종교 안으로 들어와'라고 주장한다거나, '나에게만 우산이 있으므로 비를 피하려면 내 우산 안으로 들어와'라고 주장한다면 서로 종교적 진리에 대한 인식의 차이만을 확인하고 헤어지게 될 것입니다. 파니카는 이런 발상을 포괄주의의 전형으로 인식하고 있습니다.

셋째, 파니카는 평행주의도 배척합니다. 평행주의는 일종의 무간섭주의입니다. '너는 네 종교 믿고, 나는 내 종교 믿고 살자'는 식입니다. 서로 간섭하지 않고 각자 자기 울타리 안에서 자기만 살겠다는, 마치 각 세포 속의 핵처럼 서로 교류함이 없이 살아가는 상태가 평행주의입니다. 종교적 전통들은 종교 상호 간에 서로 간섭하고, 영향을 주고받고, 상호수정하며 생성되어온 역사적 경험의 축적인데, 평행주의는 바로 이런 점을 간과했다는 것입니다. 그래서 파니카는 평행주의도 비판합니다.[13]

넷째, 파니카는 종교 간의 대화가 동화나 대치를 목적으로 해서는 안 되고, 상호수정이나 타가수정을 목적으로 해야 한다고 주장

---

12) *Ibid.*, pp. 5-6.

13) *Ibid.*, p. 8.

하며 자신의 입장을 정리했습니다. 상호 간의 대화를 통해 배타주의도 포괄주의도 평행주의도 피할 수가 있고, 환원주의마저도 피할 수 있다는 것이 파니카의 입장입니다.

6:19 파니카의 입장에 대한 기독교 신학자들의 반응도 궁금합니다.

한교수 파니카의 입장은 종교 간의 동질성을 공인할 정도로 개방적입니다. 하지만 기독교는 종교 간의 대화를 위해 기독교 신앙의 대상인 그리스도까지도 상대화하면서 종교 간의 동질성을 공인할 정도로 개방적인 종교가 되려 하지 않습니다. 만일 종교 간의 대화가 오랫동안 축적된 신앙과 신학을 동질성의 관점으로 해석하며 이해하려는 데 있다면 모든 종교들은 저들만의 고유한 종교성을 상실하게 될 것입니다. 어쨌든 기독교는 종교다원주의로 가기 위한 대화에 동참하지 않을 것입니다. 기독교는 그렇다 치고 유대교나 이슬람교, 힌두교나 불교 등등 세계적인 종교들은 저들의 신앙을 상대화해가며 종교다원주의로 가기 위한 대화에 동참할까요?

진보주의 신학자들은 대체적으로 종교다원주의 신학을 강변하며 기독론 자체를 부정합니다. 저들의 신학은 사도신경을 부정하면서 출발합니다. 저들은 예수의 동정녀 탄생과 부활을 과학적으로 증명될 수 없는 허구로 간주하며, 정통 기독교의 신앙과 신학 자체가 신화적이고 독선적이라고 비판합니다. 뿐만 아니라 저들은 종교다원주의 신학자들은 참신학을 견인하고 있는 스케일이 큰 신학자이고, 전통적인 삼위일체 신학에 입각하여 기독론을 고수하는 신학자들

은 신학이 무엇인지 제대로 알지도 못하는 무지몽매하고 구시대적
이며 옹졸하고 폐쇄적인 인간들이라고 매도하곤 합니다. 그러나 한
가지 자명한 사실은 종교다원주의는 결국 종교상대주의와 내통하
게 되고, 궁극적으로는 종교혼합주의에 정착하게 된다는 것입니다.

　나는 다원주의라는 사회현상 자체를 부정하거나 비판한 적이 없
습니다. 인간은 이미 생물학적, 사회학적, 문화적, 역사적으로 존
재하며 매일의 삶을 이어가고 있습니다. 인간의 삶 자체가 다원화
된 지평의 결정체입니다. 종교의 경우에도 이 법칙의 지배에서 벗
어날 수 없습니다. 종교는 생물처럼 역동하는 유기체이며, 사회화
된 기구이며, 문화 현상이며, 신앙보수의 전통을 체계화한 역사적
실체입니다. 여기에서 내가 말하려는 것은 종교도 인간과 마찬가지
로 다양한 조건과 원리에 의존해 상호부조(相互扶助)하며 지속되고
있다는 사실입니다. 이것은 종교 역시 다원주의의 영향을 받는다는
실례입니다. 나는 종교마다 서로 상대편 종교의 본질과 현상을 인
정하고, 상호 간에 서로 고유한 신앙을 존중하며, 성(聖)과 속(俗)이
사회 내에서 역동하는 종교 현상을 인정하는 한에서 종교 간의 대
화를 말합니다. 분명히 말합니다만, 나는 종교다원주의라는 개념을
종교의 평준화나 평등화를 지향하기 위한 수단이나, 또는 종교적
진리를 동질화하기 위한 목적으로 쓰는 데 반대합니다. 파니카는
종교다원주의라는 미명으로 종교 간에 있게 마련인 종교성의 차이
마저 지양하려 하기 때문에 나는 그의 주장에 동감하지 않습니다.

6:20 어떤 사회에서든지 한 종교가 다른 종교들과 무관하게 있을 수는 없

습니다. 종교 자체가 사회적이기 때문입니다. 이 경우 종교 간의 상호 이해와 존중이 중요하리라고 봅니다.

한교수 원론적으로 맞는 얘깁니다. 대화란 상대편의 본래성을 이해하고 존중하려는 자세를 가진 사람들 간에 가능합니다. 종교의 경우에도 예외는 아닙니다. 나의 종교를 무시하고 경멸하는 사람과 동석했을 때 그런 자리에서 대화한다는 것은 사실상 불가능합니다. 종교 간에는 차이가 있습니다. 하지만 그 차이를 비교·평가하여 등급을 매기려는 사람들 간의 말함(*dia+logia*)을 종교 간의 대화로 볼 수는 없습니다. 서로 다름을 이해하고 존중하면서 더 이상 다름에 대해 갑론을박하지 않으려는 사람들, 이른바 존이불론(存而不論)의 마음을 가진 사람들 간의 만남에서 참된 대화도 가능할 것입니다.

6:21 ┤ 파니카는 종교 간의 대화가 종교적이어야 한다고 말한 바 있는데, 어떤 의미인가요?

한교수 파니카는 종교의 본질을 독창적으로 정립했거나 정립하려 했던 학자가 아니고, 종교 간의 대화에 그의 지성과 열정을 모두 걸고 부단히 매진했던 학자입니다. 이러한 관점에서 그가 왜 종교 간의 대화를 강조했는지 이해해야 할 것입니다. 그에 따르면 종교 간의 대화는 대화 당사자 간에 우월의식, 편견, 숨겨진 동기나 설득하려는 행위 등을 배제한 대화여야 합니다.[14] 이러한 맥락에서 그

---

14) *Ibid.*, p. 82.

는 종교 간의 대화가 교리들이나 지적 견해들을 주고받는 것이 아니고, "진실로 종교적"이어야 한다고 주장했습니다.[15] 원론적인 진술이라고 생각됩니다. 하지만 "진실로 종교적"이라는 말 자체는 사실상 애매모호하게 들립니다. 적어도 파니카의 후기 사상에 근거해서 이해하면 기독교를 향해 던진 충고 같은 뉘앙스로 느껴집니다. 종교 간의 대화가 참된 대화가 되려면 "진실로 종교적"이어야 한다는 말에는 '기독교만 구원의 종교라는 편견과 아집을 버려라!', '그리스도 독점의식이나 그리스도에 대한 신앙절대주의 등과 같은, 타종교들로서는 결코 인정할 수도 없고, 인정하지도 않는 신학을 버려라!'라는 취지의 뜻이 함축되어 있다고 봅니다.

6:22 파니카는 그 스스로 각 종교의 종교성에 진솔한 마음으로 접근하려 했던 것 같은데, 어떻게 보십니까?

한교수 그렇습니다. 이런 맥락에서 그는 "나는 기독교인으로 '출발했고', 나는 내 자신이 힌두교도임을 '발견했으며', 그리고 나는 기독교인이기를 그만둠이 없이 불교도로 '되돌아갔다'"고 선언한 것입니다.[16] 그는 이렇게 기독교-힌두교-불교로 이어지는 자신의 종교 편력을 간추렸던 것입니다. 문제는 그를 어떤 종교인으로 볼 것인가라는 데 있습니다. 그는 기독교 신자인가 힌두교 신자인가, 이도저도 아니면 불교 신자인가, 그렇지 않으며 세 종교를 모두 섭

---

15) *Ibid.*

16) *Ibid.*, p. 42.

렵 · 신봉하고 있는 혼합종교인인가?

6:23 종교 간의 대화에 대한 파니카의 입장을 정리한다면….

한교수 크게 두 가지로 정리할 수 있는데, 첫째, 종교 간의 대화는 순수 종교적이어야 하며, 상대편을 정복하거나 설득할 목적으로 이루어져서는 안 된다는 것입니다. 둘째, 대화를 하다보면 개종(改宗)이라는 미지의 가능성도 만날 수 있고, 때로는 내가 깨닫지 못한 나의 종교의 장점과 단점도 발견할 수 있게 되고, 또 나의 종교에서 공동의 선도 발견할 수 있다는 것입니다.

종교 간의 대화에 대한 파니카의 이러한 입장에 반대할 사람은 없을 것입니다. 그의 주장은 극히 보편적이고 상식적입니다. 어쩌면 바로 이 점 때문에 그의 입장이 주목받는지도 모릅니다. 하지만 파니카의 본심은 종교의 무장해제입니다. 그는 "문화적 무장해제(cultural disarmament)"까지도 평화를 위한 길로 제시했습니다.[17] 결국 종교의 무장해제는 '종교적'이라는 포괄적 의미 속에 은익되어 종교 간의 대화라는 미명으로 포장되었고, 기독교의 절대성을 무장해제시키라는 명령으로 표출되었습니다.

---

17) Cf. R. Panikkar, *Cultural Disarmament: The Way to Peace* (Louisville, Kentucky: Westminster John Knox Press, 1995), Part 3.

5

종교적 정체성과 종교적 다원성

6:24 ▷ 종교적 정체성과 종교적 다원성의 문제는 종교 간의 대화를 위해 반드시 집고 넘어가야 할 주제인 것 같습니다. 대화는 주체와 객체의 관계에서 이루어지며 서양의 의식구조에서는 이분법적 관계로 볼 수도 있을 것 같습니다. 어떻게 생각하십니까?

한교수▶ 그렇습니다. 서양인의 의식과 저들의 삶의 현상은 근본적으로 존재와 비존재(Parmenides), 사물과 이데아(Platon), 질료와 형상(Aristoteles), 유한과 무한(Augustinus), 물질과 정신(Descartes), 주체와 객체(Schelling), 테제와 안티테제(Hegel), 시간과 영원(Kierkegaard) 등등 이분법적 패러다임에 의해 영향을 받으며 결정된 것들이 많습니다. 특히 이런 성향과 기독교의 선과 악의 이분법 사상은 서양 문화의 동인이 되었습니다. 종교학에서도 성과 속의 이분법적 접근법(Rudolf Otto, Mircea Eliade)이 새로운 형식으로 부각되었습니다.

신학에서도 이분법적 접근법이 영향을 미쳤습니다. 마르틴 부버(Martin Buber)는 『나와 너(*Ich und Du*)』라는 책에서 인격적 관계에 관해 말했습니다. 에밀 브루너(Emil Brunner)는 부버의 사고구조를 신학에 도입하여 인간과 신과의 "만남(Begegnung)"을 말하면서 그리스도를 만남의 점, "중보자(Mittler)"로 보는 신학을 형성했습니다. 요컨대 부버나 브루너의 주장은 나와 너, 인간과 신의 인격적 만남에서 진정한 대화와 관계가 가능하다는 것을 이론적으로 제시한 것입니다. 같은 맥락에서 틸리히(Paul Tillich)는 만남이나 대화라는 용어를 상관관계로 대체하여 사용했습니다. 틸리히의 신학적 방법론에 따르면 이성과 계시의 상관관계에서 '질문-대답의 형식'이 형성되는데, 인간은 질문하는 존재이고, 신은 대답하는 존재이기 때문입니다.

6:25 ⎬ 대화는 '나와 너'의 관계의 문제이므로 만남의 형식과 같다는 말씀인가요?

한교수 ⎬ 물론입니다. 대화란 만남으로 시작합니다. 그러므로 대화가 일방적으로 강요나 설득이나 독백에 그쳐서는 안 됩니다. 대화도 만남의 형식이므로 방법론을 필요로 합니다. 종교 간의 대화는 종교상 지켜야 하는 강령 — 기독교의 경우 "하나님을 사랑하고…네 이웃을 네 몸과 같이 사랑"(마 22:37-40)해야 하는 것 — 을 실천할 수 있을 때 비로소 가능합니다. 즉 내가 상대편에 대해서 열린 마음을 가졌을 때, 종교적 대화가 가능한 것이고, 상대편의 진리를 존중하려는 마음을 가졌을 때, 그 종교에 대한 이해가 가능합니다.

6:26 ⎬ 이런 의미의 맥락에서 파니카도 종교 간의 대화를 강조한 것이 아닐

까요? 그가 주장하는 종교 간의 대화의 문제점은 무엇입니까?

한교수 파니카는 특정 종교로써만 진리를 깨달을 수 있다는 편견, 특정 종교만이 진리에 도달할 수 있고 득도(得道)의 길이 될 수 있다는 편견은 과감하게 버리라고 충고합니다. 그는 어느 종교로도 종교 현상과 행위를 모두 수행할 수 있다고 봅니다. 말하자면 어느 종교로든지 우주를 설명할 수 있고, 창조질서를 말할 수 있고, 그 나름대로 구원론에 대해서 말할 수 있다는 겁니다. 문제는 어떤 종교를 통해서도 구원에 이룰 수 있다면 종교마다의 정체성이 무의미화될 것입니다. 종교에 고유한 신앙으로 접근하지 않고, 다원화된 가치로 접근하는 것은 위험한 발상입니다.

6:27 ▸ 파니카가 종교 간의 대화를 통해 말하려는 것은 무엇인가요?

한교수 그에 따르면 종교 간의 대화는 대화 당사자들이 서로 상대편의 종교적 진리에 관심을 가질 때 비로소 가능합니다. 그는 상대편 종교에도 진리가 있다는 것을 인정하고 그 깊이에 들어가보겠다는 자세가 없는 사람이 어떻게 상대편과 대화할 수 있겠는가라고 반문합니다. 예컨대 기독교인이 기독교의 본질에 심층적으로 접근하는 것과 같은 방식으로 힌두교의 본질에 심층적으로 접근할 때 진정으로 기독교와 힌두교 간의 대화가 가능하다는 겁니다. 여기까지는 나도 동의합니다. 종교 간의 대화가 상대편 종교를 이해하고 존중하는 데 있다면 문제될 것이 없습니다.

종교 간의 대화를 통해 파니카가 도출하려 했던 결론은 한마디로 종교마다 예배 형식은 달라도 본질은 동일하다는 것입니다. 그러면서 기독교를 향해 그리스도에 대한 신앙절대주의를 포기하고 구원의 다원성을 인정하라고 압박합니다. 그의 주장에 따르면 모든 종교가 그리스도를 섬기는 종교이므로 사실상 기독교입니다.

파니카는 많은 길들이 정상으로 통한다고 주장합니다.[18] 이것은 어떤 길로도 산 정상에 도달할 수 있다는 것, 즉 가는 길은 달라도 이르는 곳은 같다는 수도동귀(殊途同歸)의 입장을 극명하게 표현한 종교다원주의 선언입니다. 이러한 관점에서 파니카는 기독론을 비판합니다. 문제는 기독교가 그의 주장을 수용할 수 있을까 라는 것입니다. 그는 기독론을 배타적인 신앙에 기초한 독단과 독선의 결정체로 이해합니다. 그는 기독교가 기독론을 포기하고 타 종교들과 그리스도를 공유하라고 주장합니다. 하지만 이렇게 되면 결국 기독교는 삼위일체 신론을 부정해야 하고, 이 지경에 이르게 되면 기독교 자체가 탈기독교화 될 것입니다.

파니카의 주장은 두 가지로 간추려집니다. 첫째, 그는 기독교만 특수 계시의 종교가 아니고 다른 종교들도 그들 나름대로 그리스도라는 실재와 관계를 맺고 있는 계시의 종교들이라고 주장합니다.

둘째, 그는 기독교를 다른 종교들과 본질적으로 동일한, 보편적 종교들 가운데 하나로 간주하기 때문에 기독교가 종교 간의 대화를 정말 원한다면 정체성을 포기하라고 주장합니다.

---

18)   R. Panikkar, *The Intrareligious Dialogue* (1999), p. 12.

6:28 종교 간의 대화를 위해 자신의 정체성마저 포기해야 한다면 문제가 심각할 것 같은데….

한교수 그렇습니다. 보통 심각한 것이 아닙니다. 누가 뭐라고 해도 종교의 궁극적 목적은 구원입니다. 그런데 문제는 종교마다 자신들의 종교만 구원의 종교이므로 타 종교들을 통해서는 구원에 이를 수 없다고 주장하는 데 있습니다. 종교가 자신만의 정체성을 견지하려면 배타주의적일 수밖에 없는 이유가 여기에 있습니다. 일군의 진보주의 신학자들이나 종교다원주의 신학자들은 기독교를 배타주의 종교의 원흉(元兇)으로 매도하며 비판합니다. 하지만 아직까지 어떤 종교도 자신의 정체성을 포기하지 않았다는 것은 자신들만의 종교적 우월성을 표방하고 있다는 것을 반증하는 것입니다. 파니카가 주장하는 종교사상의 요지는 한마디로 종교마다 그리스도를 부르는 호칭은 다를 수 있겠지만 구원의 길로 함께 가고 있기 때문에 종교 간의 대화가 가능하다는 것입니다.[19] 이 말은 기독교가 예수 그리스도만을 구세주라고 믿는 신앙을 폐기하고 어떤 종교로도 구원받는다는 선언을 하고 타 종교들과 대화하며 지내라는 것입니다.

거듭 말합니다만, 파니카는 종교 간의 대화를 위해 자기 자신의 정체성을 포기하라고 역설합니다. 이렇게 될 때 참된 대화가 가능하다는 것이 그의 지론입니다. 한마디로 말해서 A가 B와 대화하려

---

19) R. Panikkar, *The Trinity and the Religious Experience of Man*, pp. 51-58; R. Panikkar, *The Unknown Christ of Hiduism* (1964), pp. 119-31; R. Panikkar, *The Intrareligious Dialogue* (1999), pp. 46-71, 86-94, 139-46. 파니카의 주장과 논리에 따르면 지금까지 인류가 숭배해왔던 신앙의 대상들은 모두 그리스도였다.

면 A 스스로 자기 자신의 정체성을 포기하고 대화에 임하라는 것입
니다. 하지만 이러한 대화는 결국 종교의 고유성이나 독자성을 포
기해야 하기 때문에 종교의 와해를 초래하게 될 것입니다.

파니카의 학문적 위치

파니카는 기독교와 힌두교, 때로는 불교와 이슬람교까지도 아우르며
종교 간의 대화가 왜 필요한지, 신앙과 교리보다 종교 간의 대화가 왜 중요한지 주창했던
'범종교적 세계종교일치운동가(ecumenical ecumenist)'이며,
'기독교의 옷을 입은 구루'입니다.

| 저자 |

신학적 평가

7:1 ▷ 파니카를 어떻게 평가하십니까? 파니카는 기독교, 힌두교, 불교 등의 종교성을 잘 버무려 담아 식탁 위에 올려놓은 샐러드용 사발(salad bowl)에 비견(比肩)된다고 볼 수도 있는데….

한교수 ▸ '파니카=샐러드용 사발'. 이 비유가 파니카의 성향을 정확하게 표현한 것 같습니다. 샐러드는 생채소들과 과일들에 달걀, 햄 따위들을 곁들여 놓고 샐러드용 소스를 친 생채 음식입니다. 샐러드용 사발은 샐러드를 담는 그릇입니다. 그러므로 서양에서는 샐러드용 사발이란 개념을 다원성과 포괄성의 의미로 이해하기도 합니다. 물론 샐러드용 사발은 샐러드가 아닌 다른 음식들도 담을 수 있는 그릇으로서의 기능을 가지고 있습니다. 파니카라는 샐러드용 사발에는 여러 가지 종교들과 다양한 문화들을 곁들여 놓고, 아드바이타라는 샐러드용 소스를 쳐서 우주신인론이라는 이름을 붙인 샐러드가 담겨 있습니다.

파니카에 대한 평가는 어떤 종교의 관점에서 진술하느냐에 따라

달라질 것입니다. 나는 다음의 몇 가지로 파니카를 평가해보았습
니다.

첫째, 신학자들은 파니카를 종교다원주의자 정도로 평가합니다.
이러한 반응은 그가 신학자로 대우받을 수 있을 정도의 자기 신학
을 가지고 있느냐, 그가 기독교에 관해 논하는 것들이 과연 기독교
적인가 라는 문제와도 맞물려 있습니다. 이것이 파니카의 한계점입
니다. 파니카는 기독교에 관해 많은 이야기를 했습니다만, 이를 자
신의 신학으로 정립하지는 못했습니다.

둘째, 파니카는 그리스도를 힌두교의 신적 존재, 즉 크리슈나나
이슈바라와 이명동질(異名同質)의 실체로 동일화하기 위해 일생동안
궁리(窮理)했습니다. 파니카는 기독교인들이 그리스도라고 부르는
신비가 다른 종교들에서는 어떻게 나타나고 있는지 규명하는 것을
자신의 사명으로 간주했습니다. 그 결과로 그가 발견한 것은 그리
스도는 각 종교들에서도 경험될 수 있는데, 이것이 그리스도 현현
이라는 것입니다.

셋째, 파니카는 기독교와 힌두교가 표방하는 진리들 중의 많은
부분이 상호 간에 공유되어 있는 보편타당한 가치라고 주장하며
'기독교의 힌두교화(Hinduization of Christianity)'에 전력 질주했습니다. 결
과적으로 그는 기독교의 독특성(獨特性)을 상대화시켜 기독교를 다
양한 종교들 중의 하나로 규정했고, '힌두-기독교(the Hindu-Christianity)'
로 탈바꿈해버렸습니다.

넷째, 파니카는 기독교의 삼위일체 신과 브라만을 동격의 신으로
본질규정함으로써 기독교의 창조신학(創造神學) 자체를 무력화해버

렸습니다. 파니카의 신관으로는 창세기의 천지창조를 주석할 수 없습니다. 뿐만 아니라 동양의 천지인(天地人) 사상과 유사하게 구조화된 우주신인론은 그의 종교론이 범신론에 경도되어 있으면서 동시에 물활론으로 접근해가고 있다는 것을 입증하는 것입니다.

다섯째, 파니카는 그리스도가 기독교만의 유일한 구세주라는 정통 기독교의 기독론을 훼파(毀破)하기 위하여 그의 삶의 대부분을 투입했습니다. 이러한 목적의식을 갖고 그가 지난 50년간 집착했던 연구 결과가 『그리스도 현현: 인간의 충만』이라는 책으로 출판되었습니다. 파니카는 기독교뿐만 아니라 타 종교들도 다양한 이름으로 현현된 그리스도를 믿는 종교들이므로 기독교가 아닌 종교가 없다는 논리로 사실상 기독교의 정체성을 부정했습니다.

여섯째, 파니카는 기독교의 구속신학(救贖神學)을 인정하지 않습니다. 그는 구속의 유일성을 마음의 평정이나 니르바나 정도로 인식하며 성육신, 부활, 영생, 종말 등등 기독교의 핵심 교리들을 철저히 부정합니다.

일곱째, 파니카는 그의 사상을 전개함에 있어 초기에는 기독교와 힌두교를, 후기에는 기독교와 불교를 비교하곤 했으며, 그 사이에 종종 이슬람교에 관해 간헐적으로 언급하며 가볍게 비교하기도 했습니다. 그런데 결론은 언제나 각 종교들의 핵심 교리들 — 신, 구세주, 구원, 사랑, 진리 등등 — 은 동질적이며 동일하다는 것입니다. 그는 종교 간의 근본적인 차이점이나 독특성을 비교 · 분석해내려는 데 연구의 목적을 둔 비교종교학자가 아닙니다. 그는 기독교, 힌두교, 불교, 이슬람교 등등 제 종교들이 동질적이라는 것을 주장하기 위하여 이와 관련될 수 있는 자료들만을 취사선택한 후, 침소봉대하여 자의적(恣意的)으로 해석하며 합리화했습니다.

여덟째, 파니카는 "그리스도는 기독교에 속한 것이 아니고, 신에 속할 뿐이다"라는 말을 했습니다.[1] 이 말은 모든 참된 종교들은 신을 섬기는데, 그 신은 이미 그리스도를 포함하고 있는 존재이므로 신은 동일하다는 것입니다. 이렇게 그는 신중심주의적 다원주의를 주장했습니다. 그뿐만 아니라 그는 기독교가 진정으로 다른 종교들과 어울리려면 기독교만의 고유성을 고집하지 말고, 다른 종교들과 똑같은 종교의 하나로 되라고 역설합니다. 그는 이렇게 말합니다.

> 기독교는 일반성, 보편성에 대한 주장을 포기하고 다른 종교들과 평화적으로 공존하든가, 그렇지 않으면 이러한 주장의 합리성과 정당성을 증명할 수 있는 — 전통적 어의로 — 이론을 갖고 그 주장을 설명해야 한다. 그렇지 않을 경우 자신의 입맛에 맞지 않는 모든 것을 파괴하는 광신적이고 배타적인 종교라는 부담을 견뎌내야 할 것이다.[2]

힌두교나 이슬람교의 광신주의와 배타주의는 기독교보다 더 심하고 철저한데, 이런 현실은 묵과(黙過)하고 기독교만을 "광신적이고 배타적인 종교"라고 인식하는 것은 객관적이지 못합니다. 기독교 문화권에서는 힌두교나 이슬람교가 자유롭게 포교행위를 하고 있지만, 인도의 힌두교 지역이나 이슬람 문화권에서는 기독교의 선

---

1)   R. Panikkar, *The Unknown Christ of Hinduism* (1964), p. 20.

2)   R. Panikkar, *The Unknown Christ of Hinduism* (1981), p. 33.

교가 금지되어 있거나 제한되어 있는 현실을 그는 왜 구태여 외면
하며 자기 소리만을 증폭하고 있는지?

　아홉째, 파니카의 사상에 대한 종합적 평가를 도표로 표시하면
다음과 같습니다.

[기독교와 파니카의 비교 · 평가]

항목	비교대상	기독교	파니카	비고
1	창조	무에서 창조. 창조신학에 대한 절대 신앙	유에서 생성. 프라자파티 (Prajāpati) 신화 의존. 지속적 창조	파니카는 기독교 창조론이 유대교 잔영이라며 부정
2	성부	여호와(Jehovah), 인격적 신	부라만(Brahman), 비인격적 신	파니카는 여호와와 브라만을 동격의 신으로 봄
3	성자	오직 예수 그리스도. 성부-성자의 동일본질	성부-성자 관계의 신학 없음. 성자상(聖子像) 부재	파니카는 동일본질론을 불이론과 신인론으로 대체함
4	성령	하나님의 신. 보혜사. 그리스도의 영	신비적 영성. 영적인 힘의 역동성	파니카에게는 성령의 역사(役事)에 대한 신학이 없음
5	삼위일체	성부-성자-성령의 삼위일체	브라만-비슈누-시바의 삼신이체(三神異體)	파니카는 삼신이체론을 삼위일체론과 동일시함
6	그리스도	오직 나사렛 예수. 그리스도의 주권을 강조	그리스도는 모든 종교들에도 다양한 이름으로 존재	파니카는 예수만 그리스도라는 그리스도 독점주의 비판
7	그리스도의 신성과 인성	신성과 인성의 본성합일 (communio naturarum)	신인론(theandrism)	파니카는 역사적 예수와 신앙의 그리스도 분리
8	구속사	십자가 사건은 유일회적. 구속신학에 대한 절대 신앙	구속사는 기독교의 역사 우상주의 산물이며 의미 없음	결과적으로 파니카는 구속사 부정. 십자가 사건 무의미화
9	신학사상	유일신론 (monotheism)	범신론. 물활론	파니카는 종교 간의 질적 차이 부정. 종교다원주의
10	에큐메니즘	초교파적 세계교회일치 운동(ecumenism)	범종교적 세계종교일치 운동(ecumenical ecumenism)	파니카는 종교다원주의를 제도적으로 공식화하려 함

열째, 파니카는 종교적 평화를 주장합니다. 그가 종교 간의 대화를 강조하고, 기독교만의 그리스도 독점권을 비판하며, 기독교의 구원론을 경고하는 것은 이 때문입니다. 그는 타 종교들에서도 그리스도가 현현되는데, 이 존재가 보편적인 그리스도라고 주장합니다.

우리는 그의 종교신학이 기독교 신학에 부합하지 않는다고 해서 그의 학문적 이상(理想)마저도 무가치하다고 평가해서는 안 될 것입니다. 그러나 분명한 것은 이러한 평가가 그의 종교다원주의의 급진성까지도 추인한다는 것은 아닙니다.

2

종교학적 평가

7:2 우리가 파니카의 위치를 점검하는 목적은 그를 올바로 평가하기 위함입니다. 그는 신학자인가, 아니면 종교학자인가? 결국 이 질문에 대한 대답이 그에 대한 종합적인 평가가 되리라는 생각이 드는데….

한교수 솔직히 말해서 누가 파니카를 평가하든지 그를 신학자로 보기는 어렵습니다. 그는 종교를 종교사적으로나 방법론적으로 연구하는 종교학자(Religionswissenschaftler)도 아닙니다. 종교에 대한 접근 방식에 있어 그는 문화종교학자들이나 종교현상학자들과도 구별됩니다. 그가 미토스, 로고스, 소피아, 상징, 이성, 감성 등등 철학적인 개념들을 종교의 본질에 관한 진술에 자주 도입하여 사용하기 때문에 그를 종교철학자로 자리매김할 수도 있으리라는 생각을 해보았습니다. 하지만 그는 전통적 의미의 종교철학자도 아닙니다. 종교철학이란 종교에 대한 철학, 또는 종교를 철학적으로 탐구하는 학문 등으로 정의될 수 있습니다. 정확히 말하면 종교철학이란 종교의 본질과 현상, 형식과 내용 등을 철학적 방법으로 인식한 후 종교를 어떤 규범으로 평가할 것인가 검토하는 일련의 철학행위입니다. 칸트(I. Kant)나 헤겔(G.W.F. Hegel), 트뢸치(Ernst Troeltsch)나 과르디니(R. Guardini), 뒤르켕(E. Durkheim)이나 막스 베버(M. Weber), 짐멜(G. Simmel)이나 틸리히(P. Tillich), 프리지바라(E. Przywara)나 브루너(E. Brunner) 등과 비교해 본다면 파니카는 결코 이런 부류의 종교철학자가 아닙니다.

파니카를 누군가와 꼭 견주어보려 한다면 오토(Rudolf Otto) 정도가 유일한 상대 인물일 것입니다. 두 명이 모두 동양 종교에 깊은 애정을 갖고 연구한 점이라든가, 신학자로 출발했지만 종교학에 더 많은 공헌을 한 점, 그리고 종교 간의 이질성보다는 동질성을 찾아내어 모든 종교의 공통분모로 설정하려 한 점 등이 유사하다 하겠습니다. 오토를 종교철학자로 자리매김하는 학자들의 관점에서 보면 파니카 역시 종교철학자로 자리매김할 수 있을 것입니다. 하지만 이들 간의 차이는 엄청납니다. 오토는 개신교 목사로서 기독교 울타리 안에서 자신의 학문을 정립했고, 파니카는 가톨릭 신부로서 다른 종교들의 앞마당에서 활동하며 종교 상호 간의 대화를 권했던 것입니다. 그러나 그를 어떤 학자로 보느냐보다 더 중요한 것은 그가 종교학에 끼친 공헌이 무엇이냐를 평가하는 것이라고 봅니다.

결론적으로 말하자면 파니카는 기독교 신학자도 종교철학자도 아닐 뿐 아니라 종교의 본래성에 대한 자신만의 고유한 학설을 창출한 종교학자도 아닙니다. 파니카는 기독교와 힌두교, 때로는 불교와 이슬람교까지도 아우르며 종교 간의 대화가 왜 필요한지, 신앙과 교리보다 종교 간의 대화가 왜 중요한지 주창했던 '범종교적 세계종교일치운동가(ecumenical ecumenist)’이며, ‘기독교의 옷을 입은 구루’입니다. 이런 맥락에서 본다면 그는 종교다원주의를 지향하는 종교학자 정도로 자리매김할 수 있을 것 같습니다.

부록

나를 따르라(요 21:19).

| 예수 |

라이몬 파니카 연표[*]

1918	11월 3일 스페인의 바르셀로나에서 힌두교 신자인 인도계 아버지와 가톨릭교 신자인 스페인계 어머니 사이의 3남1녀 중 장남으로 태어남.
1936	본의 예수교단 김나지움 졸업.
1946	마드리드 대학교에서 철학박사 학위 받음. 로마 가톨릭 사제 서품.
1953	프라이부르크 대학교에서 「서양의 문화죄악(Kultursünde des Abendlandes)」 강연 후 마르틴 하이데거와 만남.
1955	문화적 뿌리를 찾아 인도에 갔고 거기에서 인도 철학과 종교 연구.
1958	마드리드 대학교에서 화학박사 학위 받음.
1959	달라이 라마가 인도 사르나트로 망명했을 때 3인 영접위원.
1961	로마 대학교 「카스텔리 해석학 협의회(Castelli Conferences on Hermeneutics)」 창립자. 로마 라테란 대학교에서 신학박사 학위 받음.
1967	도미
1967	하버드 대학교 「세계종교 연구소(Center for the Study of World Religions)」 비교종교학 담당 교수.
1971	산타바버라 캘리포니아 대학교 종교학과 교수로 봉직하다 1987년 은퇴.

---

[*] Hall, G. V. *Raimon Panikkar's Hermeneutics of Religious Pluralism*. Ann Arbor, Mi.: UMI, 1994. MacPherson, C. G. *A Critical Reading of the Development of Raimon Panikkar's Thought on the Trinity*. Lanham: University Press of America, Inc., 1996. Panikkar, R. *Gott, Mensch und Welt: Die Drei-Einheit der Wirklichkeit*. Hrsg. R. R. Ropers. Petersberg: Verlag Via Nova, 1999.

1976 3월 18일 하이데거로부터 「언어(Sprache)」라는 제목의 친서 받음.

1989 에든버러 대학교 「기퍼드 강좌(Gifford Lectures)」 강연.

1991 털사 대학교 「워런 강좌(Warren Lecture)」 강연. 세인트루이스 대학교 「추기경 벨러민 강좌(Cardinal Bellarmine Lecture)」 강연.

1995 7월 6일 뉴델리에서 거행된 달라이 라마 회갑연 때 「시간과 초월(Zeit und Transzendenz)」이라는 제목의 기념 강연함.

2010 8월 26일 바르셀로나 근교 타버테트에서 92세를 일기로 별세.

용어 풀이[*]

- **advaita(Sanskrit)** : 불이론(不二論). 불이성(不二性). 비이원성. 신과 세계는 하나도 아니고 둘도 아니라는 힌두교의 형이상학적 용어. 아드바이타는 일원론도 배척하고 이원론도 배척하는 원리인 점에서 일반적으로 불이일원론(不二一元論)으로 규정되기도 한다.

- **atman(Sanskrit)** : 본질이나 실재 그 자체이며, 힌두교에서는 존재론적 핵심이지만 불교에서는 다른 의미로 사용함. 힌두교는 아트만을 브라만과 결부시키기도 함. 아트만은 본래 아(我), 자아(自我), 개아(個我) 등의 의미로 사용되었으나 우파니샤드 시대에 들어와서 개아가 우주의 원리로까지 확대 해석되면서 브라만의 위상으로까지 높여지게 되었다.

- **bhakti(Sanskrit)** : 신애(信愛). 신에 대한 절대귀의의 감정. 신에의 헌신. 신과의 연합을 통해서 구원에 이르는 힌두교의 구원의 길 중의 하나.

- **Brahman(Sanskrit)** : 세계영혼(Weltseele). 만물의 근원. 우주만물을 생성 · 지배하는 실재. 비슈누, 시바와 더불어 3대 신의 하나.

- **cosmotheandrism** : 우주신인론. 그리스어 *cosmos*(우주), *theos*(신), *anêr*(남자)의 합성어.

- **cosmotheandric Christ** : 우주신인론적 그리스도. 파니카는 모든 참된 종교에도 그리스도가 존재한다는 주장을 하며, 이 그리스도를 "우주신인론적 그리스도"라고 명명했다. 우주신인론적 그리스도는 실제적으로 '보편적(universal)' 그리스도이다.

- **diachronical** : 통시적(通時的).

- **dialogical dialogue** : 대화적 대화. 배타주의나 포용주의의 관점으로 종교 간의 대화

---

[*] Panikkar, R. *Einführung in die Weisheit*. Freiburg im Breisgau: Herder, 2002. Panikkar, R. *Christophany: The Fullness of Man*. New York: Orbis Books, 2004.

를 해서는 안 되고, 개종의 가능성까지도 열어놓고 인격 대 인격으로 대화해야
한다는 주장.

• diatopical : 통소적(通所的).

• ecumenical ecumenism : 파니카는 기독교의 에큐메니즘으로부터 구조, 체계, 방법
등을 차용한 후, 이 개념을 "범종교적 세계종교일치운동"이라는 의미로 치환(置
換)하여 그의 종교학에서 사용하고 있다.

• historiolatry : 역사우상화, 역사숭배로 번역됨. 파니카는 기독교가 구속사를 절대화함
으로서 역사를 우상화하고 있다고 비판한다. 그는 기독교의 구속사를 서양의 문
화가 만들어낸 역사절대주의의 결과로 본다. 역사숭배의 타파는 구속사의 보편
성을 여는 것이라는 생각이 그 이면에 잠재되어 있다. 한마디로 기독교만 구속사
를 갖고 있다는 고집은 기독교 입장에서 역사를 절대화하여 숭배한 결과라는 것
이다. 그는 이를 철저히 부정한다.

• Isvara(Sanskrit) : 우주의 주(Herr des Universums).

• jñāna(Sanskrit) : 지혜. 보다 높은 지식. 경험을 통해 실재를 인식하는 것. 구원에 이르
는 길 가운데 하나.

• Krishna(Sanskrit) : 구원자 비슈누(Visnu)의 화신. 바가바드-기타(Bhagavad-gita)는
크리슈나가 아르쥬나(Arjuna)에 계시되었다는 내용을 담고 있다.

• moksa(Sanskrit) : 구원. 생사의 윤회로부터, 업보(*karma*) · 무지(*abidya*) · 한계로부
터, 윤회전생(*samsara*)으로부터의 해방을 의미하며, 기독교의 구원(*soteria*)과
유사한 개념임.

• perichoresis(Greek) : 성부-성자-성령의 삼위일체 관계를 설명할 때 사용되는 용
어로서, 삼위상호내재성(三位相互內在性)으로 번역될 수 있음. 라틴어로는
circumincessio.

• Siva(Sanskrit) : 힌두교의 3대 신들 중의 하나로서 파괴 · 죽음의 일을 맡아 하는 신.

• soteria(Greek) : 구원. 죄로부터 자유.

• theandrism : 그리스어 *theos*(신)와 *anêr*(남자)의 합성어로서 신인론(神人論)으로 번
역됨. 파니카는 이 용어를 그리스도의 본체인 참신과 참인간의 신인동형설과 같
은 의미로 사용하기도 함.

• tempiternity : temporality(일시성)와 eternity(영원성)의 인위적 합성어로서 시원성
(時遠性)으로 번역될 수 있을 것이다.

• Upanishads(Sanskrit) : 힌두교 경전인 베다(Veda)의 마지막 부분에 담긴 근본 가르
침. 후기 힌두교 사상의 기초를 이룸.

• **Veda(Sanskrit)** : "지식(知識)"이라는 뜻. 힌두교 경전들을 모아 엮은 책. 인도의 가장
　　오래된 경전.

• **Visnu(Sanskrit)** : 힌두교의 3대 신들 중의 하나로서 창조질서를 유지하는 신.

참고문헌

Panikkar, Raymond. *The Unknown Christ of Hinduism*. London: Darton, Longman & Todd, 1964.

Panikkar, Raimundo. *The Trinity and the Religious Experience of Man*. Maryknoll, New York: Orbis Books, 1973.

________. *Worship and Secular Man*. Maryknoll, New York: Orbis Books, 1973.

________. *The Intrareligious Dialogue*. New York: Paulist Press, 1978.

________. *Myth, Faith and Hermeneutics: Cross-Cultural Studies*. New York: Paulist Press, 1979.

________. *The Unknown Christ of Hinduism: Towards an Ecumenical Christophany*. Rev. and enl. ed. Maryknoll, New York: Orbis Books, 1981.

________. *The Silence of God: The Answer of the Buddha*. Maryknoll, New York: Orbis Books, 1989.

Panikkar, Raimon. *The Cosmotheandric Experience: Emerging Religious Consciousness*. Edited & Introduced by Scott Eastham. Maryknoll, New York: Orbis Books, 1993.

________. *Cultural Disarmament: The Way to Peace*. Louisville, Kentucky: Westminster John Knox Press, 1995.

________. *Invisible Harmony: Essays on Contemplation & Responsibility*. Edited by Harry James Cargas. Minneapolis: Fortress Press, 1995.

________. *The Intrareligious Dialogue*. Revised edition. New York: Paulist Press, 1999.

________. *Gott, Mensch und Welt : Die Drei-Einheit der Wirklichkeit*. Edited by

Roland R. Ropers. Petersberg: Verlag Via Nova, 1999.

__________. *Das Göttliche in Allem: Der Kern Spiritueller Erfahrung*, 3. Aufl. Freiburg im Breisgau: Herder, 2000.

__________. *Einführung in die Weisheit*. Freiburg im Breisgau: Herder, 2002.

__________. *Christophany: The Fullness of Man*. Maryknoll, New York: Orbis Books, 2004.

__________. *Christophanie : Erfahrungen des Heiligen als Erscheinung Christ*. Freiburg im Breisgau: Herder, 2006.

__________. *The Experience of God: Icon of the Mystery*. Minneapolis: Fortress Press, 2006.

Hall, Gerard Vincent. *Raimon Panikkar's Hermeneutics of Religious Pluralism*. Ann Arbor, Mi.: UMI, 1994.

Knitter, Paul F. *No Other Name?: A Critical Survey of Christian Attitudes Toward the World Religions*. Maryknoll, New York: Orbis Books, 1985.

__________. *Introducing Theologies of Religions*. Maryknoll, New York: Orbis Books, 2002.

MacPherson, Camilia Gangasingh. *A Critical Reading of the Development of Raimon Panikkar's Thought on the Trinity*. Lanham: University Press of America, Inc., 1996.

Osborn, Eric Francis. *Justin Martyr*. Tübingen: J.C. Mohr [Paul Siebeck], 1972.

Otto, Rudolf. *Das Heilige: Über das Irrationale in der Idee des Göttlichen und sein Verhältnis zum Rationalen*. Breslau: Trewendt & Granier, 1917.

Rahner, Karl. *Theological Investigations*. Vol. XIV: *Ecclesiology, Questions in the Church, the Church in the World*. London: Darton, Longman & Todd, 1976.

__________. *The Trinity*. With an Introduction, Index, and Glossary by Catherine Mowry Lacugna. New York: Crossroad, 1998.

__________. *Foundations of Christian Faith: An Introduction to the Idea of Christianity*. New York: Crossroad, 2000.

Smart, Ninian. *The Religious Experience of Mankind*, 2nd ed. New York: Charles Scribner's Sons, 1976.

Smith, Wilfred Cantwell. *Towards A World Theology*. Philadelphia: Westminster
　　Press, 1981.

Troeltsch, Ernst. *Die Absolutheit des Christentums und die Religionsgeschichte*.
　　München und Hamburg: Siebenstern Taschenbuch Verlag, 1969.

Von Barloewen, Constantin. *Le Livre des Savoirs: Conversations avec les Grands
　　Esprits de Notre Temps*. 강주헌 옮김.『휴머니스트를 위하여: 경계를 넘어선
　　세계 지성 27인과의 대화』. 서울: 사계절출판사, 2010.